Gentileza no Trabalho
Conciliando sua Vida Pessoal com a Profissional

Luiz Gabriel Tiago
(Sr. Gentileza)

Gentileza no Trabalho
Conciliando sua Vida Pessoal com a Profissional

Diretor Editorial:
Marcelo C. Araújo

Conselho Editorial:
Avelino Grassi
Edvaldo Araújo
Márcio Fabri

Copidesque:
Camila Pereira Ferrete

Revisão:
Ana Aline Guedes da Fonseca de Brito Batista

Diagramação:
Érico Leon Amorina

Capa:
Érico Leon Amorina

© Ideias & Letras, 2017
5ª impressão

EDITORA
IDEIAS &
LETRAS

Rua Barão de Itapetininga, 274
República - São Paulo/SP
Cep: 01042-000 – (11) 3862-4831
Televendas: 0800 777 6004
vendas@ideiaseletras.com.br
www.ideiaseletras.com.br

Dados Internacionais de Catalogação na Publicação (CIP)
(Câmara Brasileira do Livro, SP, Brasil)

Gentileza no trabalho: conciliando sua vida pessoal e profissional / Luiz Gabriel Tiago. - São Paulo-SP: Ideias & Letras, 2013.

ISBN 978-85-65893-20-6

1. Ambiente de trabalho 2. Comportamento organizacional 3. Gentileza - Aspectos psicológicos 4. Relações interpessoais 5. Valores 6. Virtudes I. Título.

13-01518   CDD-650.01

Índices para catálogo sistemático:

1. Gentileza no trabalho: Administração 650.01
2. Relações interpessoais no local de trabalho: Administração 650.01

Agradecimentos

Indiscutivelmente, preciso agradecer ao falecido José Datrino (Profeta Gentileza) por ter deixado em seus murais poemas ensinando os homens a serem gentis. Sem sua sabedoria, sua persistência e sua crença na força do bem, não poderíamos confiar que nossa sociedade é capaz de se transformar e se reerguer através dos valores humanos.

Que Deus ilumine sua alma, onde quer que esteja, e que nós, "homens do futuro", sejamos honrados e dignos de praticar a gentileza.

Dedicatória

Ao meu saudoso irmão Paulo Rogério *(in memoriam)* que, sem imaginar, espalhou o amor e cativou a todos que conheceu. A sua lembrança é tão forte que me impulsiona a continuar.

Apresentação

É com imensa satisfação que faço a apresentação deste livro depois de muito tempo me dedicando ao estudo da raiva das pessoas numa empresa e seus impactos positivos e negativos no ambiente corporativo. Falar sobre essa qualidade e virtude é tão recompensador que não tinha noção da repercussão diante desse tema. Os seres humanos estão cada vez tão mais carentes de solidariedade e carinho que pediam sempre que continuasse a escrever sobre isso. E os textos iam se multiplicando e criando corpo próprio, com vida, entusiasmo e bálsamo àqueles que se sentem oprimidos. O retorno era praticamente imediato e meu anseio se desdobrava na facilidade de continuar produzindo.

A produção deste livro ia me exorcizando dessa realidade e quase sempre me levava à reflexão do que éramos e se realmente valia a pena todo o esforço e dedicação. O sacrifício para trabalhar é muito grande e a maioria das equipes acaba se esquecendo de gerir pessoas e só funciona a base de burocracia, papéis, resultados e metas que nunca sabemos aonde irão parar. A busca pelo objetivo final (receita, receita, receita) é incessante e bastante exaustiva, provocando uma sensação de inoperância e incapacidade de alcançar a linha de chegada.

Que busca é essa? Qual é sua finalidade? Quando escrevia, parei tantas vezes para pensar sobre a gentileza nos relacionamentos que um choque mental foi inevitável. Mesmo assim, pelos meandros da busca infindável, inalcançável, intangível e empírica, vislumbrei algo que pode realmente ser contemplado nas empresas: o bom relacionamento entre os sujeitos de forma que o desgaste profissional seja minimizado, pois sempre sabemos que poderemos nos apoiar em nossos colegas e líderes. Infelizmente, nem todos pensam dessa forma e querem, na verdade, manter sua posição hierárquica e subir os degraus dentro da empresa. A bendita promoção de cargo acaba sendo balizadora de atitudes e pensamentos inequívocos que acabam perpetuando a (*in*) subordinação e a rebeldia diante do trabalho.

Busquei inspiração através do convívio com vários tipos de trabalhadores, de todos os níveis e setores, e comprovei a subjeção de um ambiente de trabalho harmônico. Através dos painéis do Mestre Gentileza, que dão as boas-vindas a todos que chegam ao Rio de Janeiro pela zona portuária, de leituras de livros contemporâneos e clássicos como os de Maquiavel e do contato direto com os opositores do enredo, fui capaz de "sentir" essa falta diante das gestões até positivistas e participativas. Não sabemos ainda como lidar com as pessoas e a culpa não é de líderes, pois a maioria não é preparada para esse feito.

Ter comando e empreendedorismo não são habilidades preponderantes para a realização profissional de ninguém numa empresa. Os valores disseminados pelas pequenas e grandes multinacionais são falsos e não estão de acordo com a realidade e a necessidade humana. A cobrança imposta e essa educação mercenária corrompem os elos e sistemas desse mercado impositor, opressor e que não se preocupa nem um pouco com a gentileza.

Torço para que esse cenário mude e possa haver uma revolução interna – de cada um particularmente – para que os resultados sejam motivados pelo amor e pela dedicação espontânea de todos nós que precisamos de trabalho. O desafio está lançado e espero que esta leitura possa contribuir um pouco para a multiplicação dessa forma de gerir. A gestão, em primeiro lugar, deve ser atribuída às pessoas, e, depois, à rentabilidade e ao sucesso corporativo.

Tudo na vida passa, só aquilo que podemos guardar com boas lembranças devem ficar perpetuadas. Um trabalho desenvolvido numa empresa, um relacionamento afetivo, amizades, enfim... Devemos nos recordar e levar para sempre em mente os bons momentos e os exemplos virtuosos daqueles que nos espelhamos.

Há muitos anos escrevo sobre relações interpessoais no trabalho, suas nuances e facetas, mas, para dizer a verdade, há pouco me chamou atenção sobre algo tão sublime quanto o nome: Gentileza. Muitos afirmam que a mesma é adquirida com o convívio entre pessoas gentis, outros contestam e alegam que as pessoas já nascem com ela.

Não pretendi me ater a essas teorias, muito menos ensiná-las a ninguém. Mas sabe quando uma palavra ou uma música não saem da cabeça e insistem em fazer parte do seu pensamento em todos os momentos? Pois foi isso que aconteceu comigo! A Gentileza entrou na minha vida e resolvi escrever sobre ela, principalmente sobre sua aplicabilidade no mundo empresarial.

No livro *Como driblar a raiva no trabalho* enfatizei a necessidade dos trabalhadores darem a volta por cima sem perder a ética profissional e saberem usar de estratégias para superar o mau relacionamento com os demais colegas de equipe e seus superiores. Tema tão relevante e presente em nossas vidas, a raiva, porque não escrever sobre o oposto dela? A forma gentil de tratar o semelhante é tão importante que as pessoas se esquecem disso e acabam atropelando o cotidiano com ofensas e desavenças.

Ao começar a escrever e publicar os artigos num *blog*, percebi que muita gente pensava como eu e tinha as mesmas necessidades. Os comentários que eram feitos a cada texto me comoviam e me incentivam a disseminar essa "filosofia" de vida. A Gentileza, na verdade, pode se manifestar de várias formas e é capaz de transformar um ambiente de trabalho conflituoso em pura harmonia. Isso é possível sim. Sabe a relação de causa e efeito ou, simplesmente, o que o Mestre Gentileza sempre escreveu em seus painéis — propagando que "Gentileza gera Gentileza"? Ela age como uma grande bola de neve que vai crescendo e se propagando como a luz. Fui praticamente intimado a escrever sempre sobre essa nobre virtude muitas vezes, principalmente quando recebia pedidos de pessoas anônimas de várias partes do mundo. Nem as conhecia, mas percebi que a corrente da Gentileza estava se alastrando pelo globo como uma necessidade das pessoas, como um grito de apelo por tentarem criar um mundo solidário e não saberem como consegui-lo.

O *blog* estava disponível há muitos meses até que reuni todos os textos e os formatei para uma publicação. O assunto, indubitavelmente, não se encerrará neste livro, pois não desisti de continuar nessa campanha pela solidariedade corporativa, onde todos possam estabelecer um elo profissional sadio, confiante e sem conflitos. O desafio de gerar a Gentileza está lançado principalmente aos líderes e aos gestores de pessoas e não se aplica aos que só sabem gerir projetos e números. Entender o ser humano, suas deficiências, anseios e sentimentos não é para qualquer um. Hoje, para se autointitular um "chefe", antes de tudo, deve-se saber que, além de qualquer tarefa, o colaborador deve praticar e desenvolver atividades humanas e lutar pela reciprocidade da sinceridade e da tranquilidade profissional.

No decorrer da minha vida, acredito que na sua vida também, passamos por adversidades, mas, no caminho, encontramos pessoas que nos surpreendem com sua bondade, generosidade e tantas outras qualidades.

O que seria de nós se não tivéssemos a gratidão? Não conseguiríamos experimentar esse sentimento que nos torna mais humanos. A gratidão é a mais agradável das virtudes; mas não é a mais fácil. Ela é um mistério, não pelo prazer que temos com ela, mas pelos obstáculos que com ela vencemos.

Você deve estar se perguntando "O que a gratidão dá?". Ela dá por si mesma. A gratidão é como um eco, quando gritamos em uma caverna, a nossa voz retorna para nós mesmos de maneira multiplicada, são os ecos. Experimente fazer isso!

O egoísta é incapaz disso, pois só conhece suas próprias satisfações, sua própria felicidade. Como dizia Epicuro, "é ingrata e inquieta: ela se volta toda para o futuro". Por isso os ingratos vivem em vão, são incapazes de se saciarem, se satisfazerem, e serem felizes. Eles não vivem, dispõe-se a viver.

A ingratidão não é a incapacidade de receber, mas a incapacidade de retribuir. Você já agradeceu por estar vivo hoje? Abriu a sua janela e se sentiu grato pelo lindo dia ou noite que está lá fora?

Mesmo que esteja chovendo, agradeça também pela chuva. Ser grato é compartilhar de sentimentos que estão acima de bens materiais. Agradecer é dar; ser grato é dividir, a capacidade de retribuir sob forma de alegria, de amor.

Boa leitura!

O Autor

Prefácio

Jöel Thrinidad

Quando recebi o convite do Luiz Gabriel para escrever o prefácio de seu livro, me senti muito honrado e feliz. Feliz porque tantos anos escrevendo sobre comportamento corporativo, nunca havia me atentado sobre a força da Gentileza e da importância que ela faz em momentos cruciais de nossa carreira. Nesse primeiro instante em que a nossa mente se inquieta com um tema desses, vem logo a pergunta: Como ser gentil no trabalho convivendo em um ambiente tão competitivo? Com a mesma sutileza com que fazemos a pergunta, o autor nos presenteia, com muita propriedade, com uma maneira sensata e sutil de como manter esse equilíbrio, estabelecendo uma convivência saudável entre colegas de trabalho com interesses tão divergentes dos nossos, sem deixar que a rotina se torne um fardo ainda mais difícil de carregar. Gentileza, além de gerar gentileza, também favorece um clima amistoso.

Ser gentil vai além de ser simplesmente educado, bem humorado ou cordial com as pessoas com as quais convivemos diariamente. Esse deveria ser um dever social, uma vez que estamos inseridos em um lugar cercado de pessoas com diversas cabeças pensantes e objetivos em comum: trabalhar pela empresa. Gentileza é uma ação que provoca reação positiva em qualquer pessoa, em qualquer tipo de ambiente, vai além de tratar as pessoas com respeito e simpatia, mas sim de marcar o dia de alguém com um gesto que favoreça o bem-estar, deixando sempre uma impressão positiva a nosso respeito, uma vez que ser gentil é um diferencial importante em qualquer um que consegue diferenciar os problemas pessoais dos outros.

A gentileza é tão sutil que é a primeira coisa que se percebe quando alguém adentra a porta e saúda a todos com um sorriso nos lábios e a última coisa a ser esquecida, quando esse mesmo alguém se despede, deixando impresso a cortesia personalizada desse gesto. Abre portas, torna aprazível o contato e o diálogo interessante de ser ouvido e os problemas de serem discutidos. Serve também de referencial para as pessoas que ainda não nos conhecem, sem contar a capacidade de tornar pessoal até os tratamentos profissionais.

Há quem invista nesse tipo de conduta se tornando *expert* nas relações interpessoais, conquistando e influenciando pessoas, apenas desenvolvendo a habilidade de ser gentil. Faz com que as pessoas se sintam seguras, confiantes ao seu lado, se transformando em perfeitos entusiastas capazes de reunir uma multidão a sua volta até na fila do cafezinho.

Aprender a ser gentil no trabalho, além de ser estratégico, ajuda a formar aliados num ambiente fomentado pela concorrência, pela pressa e pelo estresse; ficar nervoso não faz parte do trabalho e qualquer um que consegue aperfeiçoar esse talento está mais próximo de virar *best seller* pelos corredores da empresa do que qualquer um que tenta ser promissor, focando no único objetivo que possui que é de chegar à frente de todos. Chega por último quem não percebe que a gentileza é a chave que abre todas as portas e que sinaliza as saídas de emergência quando os caminhos se tornam confusos.

A gentileza faz com que pareçamos por fora o que deveríamos ser por dentro, por isso, talvez, a gentileza esteja tão próxima do sucesso, uma vez que é um jeito nobre de ser o melhor, deixando alguém passar à frente esse exemplo.

Sumário

PASSO 1
ENTENDENDO A GENTILEZA -22-

PASSO 2
FAÇA POR MERECER A GENTILEZA -28-

PASSO 3
CONHECENDO A DISCIPLINA -36-

PASSO 4
APLICANDO A DISCIPLINA NO TRABALHO -42-

PASSO 5
DICAS DE COMO DISCIPLINAR SUA VIDA PESSOAL E PROFISSIONAL -46-

PASSO 6
TRANSFORMANDO O MUNDO INTERIOR -58-

PASSO 7

EXTERMINANDO A SOLIDÃO -64-

PASSO 8
ACEITANDO OS DESAFIOS E ENCARANDO AS DIFICULDADES -70-

PASSO 9
CUIDANDO DA SUA VIDA PARA UM BOM RECOMEÇO -80-

PASSO 10
VENCENDO O CANSAÇO E O DESÂNIMO -86-

PASSO 11
A GENTILEZA EMPREENDEDORA -92-

PASSO 12
PERDENDO A RAZÃO — O CONTRÁRIO DA GENTILEZA -98-

PASSO 13
HARMONIZANDO OS AMBIENTES -110-

PASSO 14
PROMOVENDO A GENTILEZA -114-

**GENTILEZA
+ GERA
GENTILEZA**

> **Nota do Editor:** *As citações que iniciam os capítulos deste livro são de autoria do falecido José Datrino (conhecido como "Profeta Gentileza"). Elas foram escritas em murais pintados em pilastras nas décadas de 1960 a 1990 na Zona Portuária da cidade do Rio de Janeiro. Sua escrita é bastante peculiar apresentando traços e formas próprias.*

Passo 1

Entendendo a Gentileza

GENTILEZA MEUS FILHOS QUAL E A MAIOR PRAGA DO MUNDO QUE PLODUZ AS PIORES MOLESTIAS DO MUNDO QUE CEGA A HUMANIDADE DESTROI A MENTE DESTROI O AMORRR PRODUZ TRAJEDIAS PROBLEMAS POBREZA MENDIGOS FOME NUDEZ DEVASIDÃO VICIOS GUERRAS MEUS FILHOS A PRAGA QUE MATA O ESPIRITO SANTO DE DEUS NACE O ESPIRITO DE PORCOS SÃO OS FILHOS DO CAPETA VEM DE CAPITAL FAZ O DIABO DEMONIO O MARGINAL AI OS FILHOS DE DEUS VIVEM MAL DE SITUACÃO E DE MALDADE

José Datrino – "Profeta Gentileza"

Acredito na capacidade do ser humano de gerar sentimentos positivos com seu próximo e ter a habilidade de colocá-los em prática. Todos nós temos que conhecer a definição da palavra "empatia" e multiplicá-la, pois muitas coisas se tornam mais fáceis quando conseguimos nos colocar no lugar dos outros.

Isso pode acontecer dentro de casa (com os familiares), na rua (com os amigos) e no trabalho. Esse último ambiente é muitíssimo favorável à desunião e proliferação de atos daninhos e prejudiciais ao nível de estabilidade emocional dos indivíduos, principalmente por passarmos a maior parte de nossas vidas no ambiente de trabalho.

Portanto, o convívio com os colegas pode se tornar desgastante como qualquer outro tipo de relacionamento, pois o hábito de nos relacionarmos constantemente nos "isenta" às vezes de respeito, consideração e cordialidade. Qualquer sujeito se rende a pessoas que conseguem sorrir e ver a beleza nas coisas mais simples. A mais intolerante das criaturas acaba sendo vencida pelo cansaço por aquela que se mostra determinada, segura e com bastante leveza de espírito. Por isso defendo o conceito de resiliência e almejo que seja trabalhado em todas as empresas que existem.

AS PESSOAS PRECISAM SER CAPAZES DE SUPERAR OS OBSTÁCULOS E CONTINUAR LUTANDO PARA ALCANÇAR SEUS OBJETIVOS.

Assim sendo, nos tornamos vulneráveis e podemos, sem querer, acabar criando um local de trabalho sem harmonia e com uma energia pesada. Por exemplo: quem nunca teve vontade de falar mal daquele colega de trabalho que se acha o melhor? Quem nunca quis cometer um "crime" dentro da empresa em que trabalha ou simplesmente boicotar os resultados? Não é correto querer crescer e aparecer à custa daqueles que se dedicam de corpo e alma por uma vida profissional decente. A dignidade começa quando somos capazes de agir com retidão e ética. É tão desagradável quando ouvimos alguém dizendo que não gosta de fulano ou beltrano. É tão desconcertante saber que alguém pode ser trapaceado pelo simples prazer de ver a competência da pessoa destruída.

O que se destrói na verdade é a dignidade desses crápulas que agem assim. Esse tipo de sujeito é mais comum do que imaginamos. Pode ser que estejamos cercados por eles e não nos demos conta ainda. A dignidade e a competência do ser humano são natas. Ninguém mata ou rouba! Podem até tentar, mas nunca chegam aos pés desses trabalhadores imbuídos no desejo de crescer e fazer bem o seu serviço.

Por menos que se goste daquela pessoa, ninguém tem o direito de menosprezar a capacidade de qualquer um que seja muito menos maltratar ou se desfazer do seu modo de pensar e agir, a não ser que comprometa a saúde dos projetos e as metas propostas. Todos nós somos inteligentes e capazes de desenvolver várias habilidades, principalmente a humildade e gentileza.

No início pode ser complicado, mas vale a pena tentar. É gratificante a sensação de que pode fazer algo e realizar bem suas atividades, além de colaborar para o crescimento de alguém.

Quero dizer que "gentileza deve gerar gentileza" (já dizia o Profeta!). Basta olhar para o outro como se fosse alguém muito especial e que possui sentimentos (quem não os tem?). Também não precisa ser do tipo piedoso que permite tudo e nunca revida as ofensas. O ideal é não procurar uma posição de defesa ou se fazer de coitado. Todos têm que mostrar a verdade através do trabalho bem feito e do bom relacionamento com os demais. Afinal de contas, ninguém precisa ter sangue de barata o tempo todo.

Vamos pregar a paz dentro das corporações e evitar a raiva. É muito melhor compartilhar de momentos agradáveis do que se estressar e contribuir para péssimas horas de relações interpessoais. O processo de desenvolvimento harmônico deve começar dentro de nós mesmos. Não devemos esperar uma atitude alheia como se os outros que tivessem que tomar a partida sempre. Dê o pontapé inicial e comece uma campanha de boa educação e afabilidade.

Vamos fazer de tudo para criar amizades e relacionamentos saudáveis no setor em que trabalhamos, perguntar ao colega como foi seu dia, se dormiu bem, agradecer, desejar bom trabalho e dar os parabéns por algo realizado com esmero e dedicação! Agradecer e pedir algo com o bondoso "por favor" também enobrece e dignifica pequenos gestos. Entre outras coisas que podem ser ditas, podemos levantar os ânimos das pessoas, descontrair e saber impor limites sem abusar da confiança.

Passo 2

Faça por merecer a gentileza

> MOTORISTAS AMORRR DO GENTILEZA
> * DIRIJA A VIDA E SEU CARRO COM GENTI
> LEZA QUE DEUS NOSSO PAI
> NO PENSAMENTO E JESSUSS SÃNTO
> IRRMÃO NO CORAÇÃO NÃO
> TENS PROBLEMAS DE NADA NÃO É QUE
> DEUS VOS ABENÇOIS POR JESSUSS DISSE
> GENTILEZA PAZ
>
> *José Datrino – "Profeta Gentileza"*

Todo ser humano sabe até onde pode ir num contato com os outros sem extrapolar o bom senso e ferir a intimidade, mesmo porque as pessoas precisam saber separar e dividir o profissional da empresa do sujeito como pessoa. Tudo bem! Nem todos sabem disso. Tem gente que é bastante inconveniente, indiscreta e fofoqueira. Com certeza ainda escreverei sobre isso, pois é um assunto que não se encerra nunca, sendo muito difícil de ser extinto nas empresas.

Os seres humanos têm sentimentos, não são irracionais (tem gente que não consegue pensar muito não). Sofrem, choram, têm problemas, têm família e é muito difícil desvincular o lado pessoal do profissional. Todos nós já tivemos momentos muito ruins e fomos ao trabalho cumprir nossa obrigação, mesmo com o desânimo mental nos forçando a ficar em casa e poder resolver as pendências.

Devemos reconhecer nas pessoas que trabalhamos a humanidade e a amizade, mesmo que não possamos unir as duas vidas (pessoal e profissional) da forma que desejamos. Ambas nos exigem bastante dedicação fazendo com que nossas atividades sejam intensas e cheias de dissabores. Devemos colaborar para que seja aliviada de tanta tensão e possamos aproveitá-la ao máximo. Somos perecíveis e podemos nos deteriorar muito facilmente. Por isso, não podemos ajudar a degradar o que sentimos com a hostilidade e o menosprezo à emoção.

Como fazer então para não misturá-las? A resposta está dentro de cada um e é intransferível. Pode ser complexa ou bastante simples: com a construção do altruísmo e a (trans) formação de um bom caráter. A gente sabe quando as pessoas têm essas virtudes e qualidades.

É fácil ver que existem seres humanos dignos quando demonstram carinho e compaixão pela dor dos outros; apesar da empatia ser um mérito de poucos, deveria ser trabalhada nas corporações, pois é uma diretriz para a satisfação pessoal.

O discurso inflamado dos teóricos que persistem na separação das "vidas" nem sempre pode ser aplicado. Às vezes o problema é tão grave que não conseguimos deixá-lo do lado de fora da empresa. Aonde formos, ele (o problema) estará lá. Sem querer ser pessimista, pois dissemino o altruísmo e positivismo, mas tento ser o mais realista possível para que todos entendam que não somos perfeitos e precisamos ainda de muito aprendizado.

A MATURIDADE NÃO É CONQUISTADA DA NOITE PARA O DIA, É UM EXERCÍCIO CONTÍNUO E QUE EXIGE MUITA HABILIDADE.

Basta não se perturbar, pois levar os problemas conosco é normal e natural. Ninguém está imune a intempéries e dificuldades. Portanto, essa história é bastante relativa. Sem essa! Todo mundo tem o direito de chorar e se sentir frustrado durante o expediente! Todos podem se ausentar um tempo para respirar e tomar uma água. Nós que fazemos nosso tempo e sabemos quando é hora de arejar a cabeça.

Cabe ao bom líder saber conduzir com discernimento a situação e não produzir um sentimento de culpa em sua equipe, deixando o colaborador à vontade para se refazer e se sentir protegido pela empresa. Afinal de contas, ninguém produz sem estar num estado de espírito harmônico e tranquilo.

A gentileza está inserida nesse contexto e quase ninguém conhece realmente seu significado. Ser gentil requer bastante competência de se comunicar com bondade e caráter, esse último, indispensável sempre. A benevolência produz um efeito cascata em todos os setores da vida como o equilíbrio e bem-estar, ratificando o que todo líder precisa saber e tirando as máscaras daqueles que insistem na falsidade e na mediocridade.

A humanização do trabalho começa por aí e perfaz um caminho de sucesso em toda a corporação, pois todos sentem a necessidade de comungar da mesma filosofia.

Falar a mesma língua no ambiente corporativo é fundamental para sedimentar bons relacionamentos interpessoais e contribuir para o desenvolvimento harmônico das atividades.

Como falei no início deste livro, a resiliência é uma competência admirável nos dias atuais, pois todos nós temos que ser capazes de transpor as adversidades e encará-las como forma de crescimento indiscutivelmente. Devemos buscar forças para trabalhar com esmero e dedicação além de contribuirmos para o sucesso comum.

Se você é chefe, preste bem a atenção na próxima frase: se acha seu colaborador incapaz, treine-o! Delibere atividades, descentralize o poder e tente. Gerencie pessoas e os sentimentos para podê-los envolver na gestão de processos e números.

Assim não sentirá algo vazio na jornada do dia e contribuirá para o sucesso coletivo. Muitos esperam e dependem disso, pois o bom líder se sente atraído por aprender e depois obrigado a ensinar. As equipes acabam se deteriorando e sendo exterminadas pelo fracasso na condução de mentes e sentimentos não entendidos. Cada um faz parte de uma conjuntura e sistema indivisíveis na tangente da estabilidade emocional e pessoal.

Digo, cada pessoa reage a estímulos de forma diferente e as reações aos problemas são as mais diversas. Não existe receita de bolo para isso, muito menos um manual. O que vale nessas horas é usar o bom senso e saber ser ponderado no contato com outras pessoas.

Reforço a comprovada teoria de que recebemos aquilo que damos e ninguém pode contestar isso. Seja paciente, cauteloso e sensível aos que estão a sua volta e que, de certa forma, dependem de sua aprovação ou simplesmente de uma palavra amiga.

UM BOM LÍDER OU COLEGA DE TRABALHO PRECISA, MUITAS VEZES, ESCUTAR MAIS DO QUE FALAR.

Que isso sirva de exemplo para quem estiver lendo este livro, independente da atividade que desempenha. Se você é líder ou chefe de uma equipe, gerente, superintendente, diretor, seja qualquer que seja o seu cargo, nunca se esqueça de que as pessoas têm sentimentos e não são máquinas. A escala de produção é movida pela racionalidade e capacidade de gerir emocionalmente. Todos querem carinho e almejam se sentir queridos.

Basta um pingo de solidariedade para se perceber a amizade. Basta um pouco de humanidade para movimentar uma equipe de forma favorável e ser lembrado sempre como um gestor que fez por merecer a posição que ocupa.

Passo 3

Conhecendo a Disciplina

> MEUS FILHOS TODOS VOS TEM QUE SABER
> QUEM SOU EU SABERAS QUEM SÃO VOS
> TODOS VÃO TER QUE ME
> CONHESERR E CONHESE RR A TIMESMO PO
> IS TODOS SOMOS UM DEUS
> NOSSO PAI GENTILEZA
> E A NATUREZA NOSSO DONO CRIADORR DA
> TUDO DE GRACA POR
> JESSUSS DISSE GENTILEZA AMORRR

José Datrino – "Profeta Gentileza"

A disciplina nos obriga a termos um comprometimento muito grande com nossas atividades diárias, sejam elas simples, rotineiras ou bastante complexas. Desde a hora do despertar — que geralmente é muito cedo — até a hora que vamos deitar e descansar o corpo precisamos nos propor a regras de conduta e atuação na vida. Aqui, friso a importância de descansar a mente também, pois é bastante desconfortante quando a cabeça não para de funcionar e ficamos pensando, repensando, buscando soluções e resposta para tantas dúvidas e incertezas.

O relaxamento mental proporciona bem-estar e facilita as escolhas quando precisamos tomar decisões e atitudes; estas não devem ser precipitadas, pois a maturidade está presente naqueles que conseguem ponderar e esperar a hora correta para se pronunciar, questionar ou cobrar alguma posição sobre algo pendente ou duvidoso.

Ao acordarmos com disposição, devemos crer que tudo dará certo naquele dia, pois estamos comprometidos com nosso "eu", nossa sociedade, nossa família e com a produção que a empresa almeja. Somos designados a fazer o melhor e cumprir a risca os deveres que são embutidos na carga diária, que geralmente é bastante intensa.

De forma alguma estou dizendo que isso seja ruim, pelo contrário. A disciplina particular — de cada um — nos impõe responsabilidade e comprometimento com o que é certo. Agir certo não é fácil, muito menos facilitado por ninguém. Todos esperam um passo em falso para poder apontar o dedo ou colocá-lo em riste em frente a nossas faces. Mas não permita que isso aconteça, aja cautelosa e disciplinadamente para evitar o dissabor de alguém denunciar sua falha ou lacuna na conduta do dia a dia.

Uma das formas para colaborar com o sucesso e a manutenção dos seus direitos é garantir a pontualidade em relação ao horário de entrada na empresa e na entrega das tarefas, sejam ela relatórios, planilhas, resultados, etc. É recompensador sabermos que chegamos no horário correto ao trabalho, obedecemos ao cronograma de atividades, mantivemos um bom relacionamento com os demais colaboradores e líderes e que pudemos produzir bastante.

A SENSAÇÃO DE REALIZAÇÃO É O FRUTO DE TODA UMA DEDICAÇÃO QUE COMEÇA COM A DISCIPLINA DESDE O INÍCIO DAS ATIVIDADES ATÉ O MOMENTO QUE ENCERRAMOS NOSSO EXPEDIENTE PROFISSIONAL.

Para muitos as tarefas ainda continuam em casa quando precisamos organizar nosso espaço familiar, cuidar dos filhos e planejar o orçamento. Mais uma vez o psicológico pode precisar de uma atenção especial, pois a intensidade das informações pode corromper nosso intelecto e nossa capacidade de cognição, sem falar nos sentimentos que podem se aflorar ou simplesmente serem diminuídos com o tempo.

A dedicação pessoal já começa ao amanhecer, assim que despertamos. Sei que não é tão fácil acordar muito cedo, encararmos o trânsito engarrafado e ter que lidar com a sensação de que nem saímos da empresa. O cansaço matinal é bastante comum, principalmente para aqueles que moram nas grandes cidades. Muitas pessoas perdem horas por dia dentro da condução em direção ao local de trabalho e alguns até aproveitam para dormir ou colocar em dia a leitura de algum livro ou jornal. Ok! Também não é nem um pouco estimulante se pensarmos dessa forma, parece uma avalanche de desânimo e assim acabamos atraindo a preguiça e a vontade de voltar para casa (quem nunca pensou em fazer isso ao caminho do trabalho?).

Devemos nos obrigar a sermos fortes e resistir à indisciplina. Voltar para casa e nos desviar do destino (o trabalho) seria uma forma de boicote pessoal, sem falar nas consequências mentais sobre isso — muitos sentem remorso por se absterem de um dia de trabalho sem motivos ou necessidades verdadeiras e de força maior.

O pensamento voltado para a produção de coisas boas para o mundo deve ser mantido em nossas mentes e, sem dúvida alguma, nos ajudará a continuar e persistir. Felizmente temos um local para desempenhar nosso trabalho e nos sentirmos realizados profissionalmente. "Ah! E a recompensa disso tudo?" — você pode perguntar. Não existe somente uma recompensa; existem várias formas de se sentir "pago" por isso. Basta uma reflexão pessoal que vasculhe seu consciente e te mostre a real situação.

A COLHEITA DE UM BOM TRABALHO SURGE ATRAVÉS DO SENTIMENTO DE ALGO PRONTO, PRODUZIDO, REALIZADO.

A satisfação de todo o empenho aparece através do pagamento no final do mês. E, além disso, (que já não é pouco), basta pensar em quantas pessoas gostariam de estar em seu lugar e invejam a movimentação corriqueira do cotidiano. Pense em quantos desempregados existem pelo mundo, responda a essa questão e depois discuta sobre seus argumentos.

É lógico que teorias positivistas não ajudam muito e não são funcionais para nós; não me incluo nessa corrente e nem me identifico com ela. Eu mesmo encaro todos os dias esses exercícios e me obrigo a pensar em todos esses itens. A disciplina gera reconhecimento por parte de seus colegas de trabalho, de toda a empresa e, principalmente, por sua família e por si próprio.

Aí, não existe mais argumentação, principalmente se disciplinarmos nosso pensamento e resistirmos ao pessimismo, agindo conforme a lei da atração e decidirmos encontrar o sucesso. Sem organização pessoal através da disciplina (física e mental) não atingiremos o alvo e muito menos teremos autorreconhecimento. Devemos nos exigir dedicação para o pensamento positivo e saber administrar nosso maior bem: nosso conhecimento.

Passo 4

Aplicando a Disciplina
no Trabalho

> GENTILEZA GERA GENTILEZA 40 AMORRR
> A NATUREZA TEMOS QUE CONSTRUIR A
> NATUREZA NOS SERES HUMANOS NÃO
> PODEMOS ANDARR MAL VISTIDOS
> CONPARAMOS PARA COM DEUS COMO
> UMA LAVOURA DE PLANTAS NASCE UM
> ANJINHO UM ARVORE DO BROTOU
> TEM QUE SSERR CUIDADO ALIMENTADO
> COM AMORR NÃO PODEM ANDARR SEM
> ROUPA SSI NÃO É UM ARVOREDO
> MORTO SSO SERVE PARA O FOGO PAU
> PELADO E COMO TER POR JESSUSS DISSE
> PROFETA GENTILEZA AMOR

José Datrino – "Profeta Gentileza"

Vale a pena todo esforço e sacrifício diário; existe luz no fim do túnel e o otimismo nos guia em direção a ela. Tudo pode se tornar espontâneo se enxergarmos os sacrifícios como investimento para a tranquilidade no futuro, quando enxergados com leveza e se subtrairmos os obstáculos que porventura aparecerem.

Nós, seres humanos, criamos diariamente várias dificuldades que nos impedem de cumprirmos a risca o manual da disciplina. Mas se conscientize de que nunca poderá ser cobrado de alguma coisa se você foi realmente dedicado e disciplinado à tarefa.

OS ELOGIOS E O RECONHECIMENTO PELO SEU EMPENHO SERÃO COLOCADOS À FRENTE DE UMA FORMA BEM PRAZEROSA E GERADORA DE SATISFAÇÃO PESSOAL.

Desenvolva suas atividades com afinco, prazo, capricho e tente alcançar a perfeição, por mais que saibamos que isso seja difícil. Porém, é aconselhado que nossas tarefas sejam feitas de forma impecável, merecedoras de admiração e que sirvam como referência para o futuro.

Essas dicas servem para todos os aspectos de sua vida, pessoal ou profissional, e podem ajudar aqueles que, de alguma forma, são "bombardeados" todos os dias por seus chefes ou colegas de equipe.

As suas qualidades latentes como honestidade, bom caráter, sinceridade e gentileza serão deslumbradas automaticamente, pois ninguém poderá contestá-las se não deixar rastros de sujeira ou indisciplina. Assim, ninguém deverá ir contra os fatos, muito menos questionar qualquer coisa.

AGINDO CORRETAMENTE, NUNCA SEREMOS JULGADOS E CONDENADOS POR ALGO QUE NÃO COMETEMOS.

     Sendo direito e reto com sua empresa e sua vida pessoal, colherá frutos maduros rapidamente e sem precisar esperar muito tempo. Os resultados positivos costumam ser rápidos quando nos dedicamos com firmeza e disciplina.

     Precisamos doutrinar nossos pensamentos para que possamos trabalhar corretamente, sermos metódicos e nos capacitar para estruturar nossas vidas. Isso só ajudará para que os problemas sejam minimizados ou até mesmo evitados. Muito melhor retini-los a ter que resolvê-los em momentos de crise. Lembre-se de que quando eles aparecem, sempre vêm juntos, ou seja, reunidos em grupo — parece que combinam isso e podem ganhar uma força capaz de desestabilizar qualquer cabeça pseudoequilibrada.

     Sugiro que faça uma experiência. Comece hoje mesmo a praticar a disciplina. Se permita a esse teste, dedique-se, comprometa-se e recupere o tempo perdido. Dê início a essa reflexão e aplique-a de forma saudável à sua vida estipulando hora e dia para começar. Que seja hoje mesmo!

Passo 5

Dicas de como Disciplinar sua Vida Pessoal e Profissional

> GENTILEZA GERA GENTILEZA AMORRR
> ATENCÃO MEUS FILHOS ANUCIAIS US AOS
> OUTROS QUE DEUS NOSSO PAI GENTILEZA
> CRIADORR CELESTIAL E A NATUREZA NÃO
> VENDE TERRAS NÃO COBRA PARA NOS DAR
> ALIMENTACÃO ESTA LUZ DO MUNDO QUE E
> A NOSSA VIDA E DE TODOS SERES VIVENTES
> DO MUNDO DEUS DA TUDO DE GRACA NÃO
> COBRA NADA O QUE VENDE E DESTROI
> TUDO E TODOS SÃO OS FILHOS HOMENS
> DAS LEIS DO CAPETA VEM DO CAPITAL FAZ
> O DIABO DEMONIO O MARGINAL AI OS
> FILHOS DE DEUS VIVEM MAL!

José Datrino – "Profeta Gentileza"

Saber administrar o tempo

Esse item é tão importante para qualquer tipo de profissional que existem cursos que ensinam exatamente isso. O tempo, cada vez mais escasso, pode se transformar num problema para aqueles que não sabem conciliar suas atividades com seus compromissos. Por isso, é legal ter uma agenda sempre em mãos e não se confundir na hora de marcar reuniões, idas ao banco, médico, fazer ligações de negócios, ir a escola buscar as crianças etc. Lembre-se também que, geralmente, os grandes executivos tomam suas decisões e dão as ordens no período da manhã. O cumprimento desses procedimentos determinará quase 80% da produção do seu dia de trabalho.

Defender a empresa que trabalha com unhas e dentes

Como é compensador trabalhar numa empresa em que o colaborador se sente em sua própria casa. Isso demonstra que o ambiente de trabalho é bastante confortável (não estou falando de cadeiras de luxo e serviçais aos seus pés), sadio e as pessoas têm uma troca de energias favorável. O funcionário se sente bem e não quer sair da empresa. Assim, sente a empresa como se fosse sua e não admite que ninguém fale mal dela. Agora, isso deveria ser uma regra para todos. É muito feio falar mal do seu "ganha pão". Peça demissão, é mais correto.

Tratar os colegas de trabalho com amor e respeito

O amor é lindo! E não existe somente entre marido e mulher, pais e filhos. O amor pode acontecer no ambiente de trabalho com toda intensidade. Esse sentimento (que não deve ser confundido) demonstra todo o respeito e carinho que você trata seus colegas. Devemos respeitar o espaço dos outros e não tratar ninguém com desdém. Perguntar se seu colaborador está bem ou como foi o final de semana não quer dizer que existe um laço de intimidade e com isso a fofoca pode começar. Todos querem se sentir queridos e o primeiro passo é dizer as palavrinhas mágicas: bom dia, como vai, por favor, e muito obrigado!

Saber trabalhar em equipe

Todo mundo sabe a obrigatoriedade de se trabalhar em equipe hoje em dia, afinal, "uma andorinha só não faz verão". Mas, na realidade, o tema é mais importante do que se pensa. Trabalhar sozinho, além de egoísmo, demonstra sua incapacidade de se relacionar com as pessoas, de aceitar críticas e sugestões, de dividir o sucesso do projeto. Pense como um líder! Saiba delegar e dividir tarefas e funções. O sucesso da equipe é o seu sucesso também.

Procurar ajuda quando precisar

A humildade é uma das maiores virtudes da humanidade. Não seja do tipo de colaborador que prefere errar ou engavetar o projeto só para não ter que pedir ajuda. Aceitar a colaboração dos colegas de trabalho é admitir que está aberto a novas sugestões e crie possibilidades em cima disso. Que tal sugerir um *brainstorming* e premiar a melhor ideia? Saiba driblar as dificuldades e o orgulho. Peça ajuda sim, sempre que preciso e assuma responsabilidades com ponderação.

Delegar tarefas e descentralizar o poder

Os grandes executivos de importantes empresas em todo o mundo sabem que não podem agarrar com unhas e dentes todas as tarefas do dia e executá-las sozinhos. Sabem que são obrigados a dividi-las com todos os seus colaboradores e supervisioná-las durante sua execução. Ao final, os resultados precisam ser apresentados de forma satisfatória. Não se prenda a quem diz que se as tarefas forem realizadas por outras pessoas, você correrá o risco de perder seu espaço na empresa. Todos podem pensar que você já não é capaz de fazer tudo sozinho. Pura demagogia corporativa. Os grandes líderes preferem profissionais que sabem dividir racionalmente as atividades, que têm a habilidade de controlá-las e ter certeza de que tudo irá dar certo. O poder não existe na verdade. Somente em empresas que insistem em manter aquele ultrapassado organograma onde o presidente fica no topo e os empregados na base. Essa estrutura vertical está obsoleta e uma gestão participativa é a preferência de todos, inclusive dos clientes.

Receber ordens e críticas sem se sentir ofendido

Sabemos que não é uma tarefa muito fácil ouvir ideias e opiniões contrárias ao que pensamos e temos certeza de que é o correto. Mas, se não conseguimos realmente aceitar críticas ou ordens, temos que começar a trabalhar o subconsciente para isso. Uma pessoa altamente eficaz se sente honrado ao escutar sugestões e estar aberto a novos rumos para seu projeto. Seja flexível e aceite com bom grado as ideias a respeito de seu trabalho. Mostre que é um profissional humilde e pode pensar em novas possibilidades. Saber receber ordens é uma grande virtude e, principalmente, se souber aceitar ajuda daqueles que criticaram no bom sentido. Mais um lembrete: errar é humano e aceitar o erro, atitude de líder.

Ter ótima apresentação pessoal

Ninguém precisa ser um padrão de beleza para ser um bom profissional, muito menos ter corpinho sarado e ser capa de revista. A apresentação de uma pessoa eficaz deve ser sutil e com bastante elegância. Todos admiram um executivo num bom terno (não precisa ser caro, basta ter caimento), mulheres que sabem andar de salto alto e usam maquiagem adequada para qualquer ocasião, sem falar em hábitos cotidianos de cada um como: fazer a barba, as unhas, ponderar as fragrâncias e tons de cores nas roupas.

Procure estar atento às regras de etiqueta e protocolo. O mundo corporativo está buscando profissionais que saibam aliar uma boa apresentação a uma excelente conduta nos âmbitos sociais formais e informais.

Ser proativo

Todo mundo tem algum colega de trabalho que nunca faz o serviço dos outros, nem se interessa por outras funções dentro da empresa. Ser um profissional proativo pode dar um pouco de trabalho, principalmente na hora de detectar a necessidade de uma intervenção profissional. Não caia na armadilha daqueles que só fazem o básico e procure atender todas as solicitações. Não espere ninguém gritar socorro, esteja de prontidão. Assim, a empresa em que trabalha sempre se lembrará de você como um colaborador competente e feliz por fazer parte da equipe.

Aceitar desafios

A eficácia está em conseguir conduzir qualquer projeto ou oportunidade arrojada dentro de uma corporação. Um hábito condizente com essa realidade é sempre dizer "sim" às propostas, principalmente de ideias novas que possam modificar a estrutura da empresa ou do setor que desempenha alguma atividade. Ser otimista é uma das qualidades emocionais mais admiradas e que podem fazer a diferença na hora de uma escolha de contratação ou promoção. Estar sempre aberto aos desafios pode fazer do profissional aquela figura inovadora e criativa que todos os empresários sonham em ter.

Saber falar em público

Saber falar para uma plateia ou reuniões corporativas está se tornando cada vez mais necessário a gerentes e executivos de grandes empresas. A impostação da voz deve ser adequada e os recursos tecnológicos utilizados na apresentação devem estar claros e bem didáticos ao entendimento dos participantes. Ao falar, somos capazes de transmitir e trocar ideias, formar opiniões e convencermos aos que escutam de pensar como nós. Ser o alvo das atenções por alguns minutos e horas não é para qualquer um. Falar para uma multidão ou numa pequena sala não tem diferença alguma quando o orador usa desse artifício para fazer arte, a arte de falar e mover pensamentos. Um profissional competente está atualizado e estuda o tema da palestra para poder responder a todos os questionamentos que forem feitos. Além disso, tem que estar preparado para fazer apresentações, inclusive, em outros idiomas. Se não é o seu caso, corra contra o tempo.

Estar antenado às novidades

Não existe uma pessoa eficiente sem estar completamente a par de todos os acontecimentos do mundo. As informações correm à velocidade da luz, mas nada que bons jornais e a internet não auxiliem no acompanhamento das transformações globais. As novidades também correm rápidas em sua área de atuação e exigem cada vez mais esforço dos profissionais em se manterem atualizados. Os competentes estão sempre lendo livros técnicos, comprando revistas, fazendo assinatura de jornais e acompanhando a cada minuto as transformações através da internet. Gostar de ler é um hábito comum em países de primeiro mundo. Leia com prazer e não deixe que a leitura se transforme em um fardo no seu dia a dia.

Outra forma de estar sempre em dia com as novidades é participar de eventos. Além de saber quais são as tendências do mercado para seu ramo de atividade, pode-se fazer contatos interessantes, conhecer fornecedores e fechar novos negócios.

Gostar de organizar seus pertences

Não se trata de materialismo ou excesso de possessão. Um dos princípios de pessoas competentes é a organização pessoal ou zelo com suas coisas, seja em casa ou no escritório. São perceptíveis a olho nu as pessoas que são organizadas, principalmente ao abrirmos seus armários ou vermos a disposição dos papéis e objetos na mesa de trabalho. Se essa não é a sua maior virtude, peça ajuda a pessoas organizadas para manterem sua bagunça em dia. Isso é fundamental para a manutenção de suas atividades diárias e, principalmente, para sua organização mental.

Saber lidar com situações de crise e imprevistos

Manter a calma nesses casos é a melhor situação. Profissionais eficazes lidam com isso da melhor maneira e são mestres em resolver situações conflituosas. O primeiro passo para isso é promover a harmonia do ambiente e ter pelo menos 1 minuto para raciocinar. É como um *insight* que nasce naquele instante. A solução para o problema desponta e a capacidade de resolução é inacreditável. Pensar rápido e resolver imprevistos não são virtudes pertinentes a todos os mortais. Mas, essa habilidade tem sido desenvolvida pelas empresas através de treinamentos constantes para capacitar essas pessoas e torná-las aptas a tomada de atitudes imediatas. Porém, esses treinamentos não ensinam o que os profissionais capazes têm desde que nasceram: a aptidão de tomar as decisões de forma instantânea e correta.

Passo 6

Transformando o Mundo Interior

> PENSAMENTO POSETIVO
> PARAIZO DE DEUS BOA PALAVRA PORTA
> DO MESMO PENSAMENTO NEGATIVO DE
> MALDADE EO INFERNO DO DIABO MAL
> PALAVRAS E A PORTA DO PURGATORIO DO
> SATANA CUIDADO CABECINHA CUIDADO
> CINQUINHAS FERINAS POR
> JESSUSS DISSE GENTILEZA
>
> *José Datrino – "Profeta Gentileza"*

Anos e anos se passam e nada muda, a não ser a sua vida que está cada vez mais sobrecarregada com o trabalho, os problemas familiares que não param de te atormentar e as dívidas que sempre aumentam. Além disso, não aguenta mais ser classificado como algoz das desgraças do mundo e ser pisoteado como um capacho doméstico.

Sempre foi passivo diante das pessoas e aceitou o que ditavam, tudo o que planejavam para sua vida e as conclusões que tiravam para seu comportamento e suas decisões. Ser complacente diante dessa situação incomoda muito, mas o único a determinar o curso de sua história é você mesmo. Ser o autor de seu próprio livro e ditar um manual próprio não é fácil, mas é uma forma humana de conquistar o domínio e expurgar o veneno aplicado por muitos em nossas entranhas.

É hora de mudar e tem que ser um movimento constante, sem vai e vem, um curso retilíneo que não te envolva a voltar atrás. *Voilà*! *"Nem pensar em deixar a vida te levar"*, como diz o compositor. Se não existissem as trevas, o que seria da luz? Se o futuro bate à sua porta, o que dirá do presente?

Assim sendo, e antes do amém, eis que surge alguém entorpecido dentro de você. E as promessas de uma nova era te consentem sonhar com a tranquilidade financeira e a sanidade de todos os problemas reservados. Você anuncia a si mesmo que tudo será diferente daqui para frente e que sua vida será transformada. Sua vida será alegre e leve, seus problemas serão resolvidos e todos te amarão — afinal, ninguém sobrevive sem o afeto.

E você, mais uma vez, tem a certeza de que sua diligência para fazer as coisas mudarem não será em vão e que, de uma vez por todas, seu futuro será atopetado de dinheiro, serenidade e saúde.

Busque a concordância interna e decida quem a sua volta fará parte desse círculo de bem-estar. Selecione bem as pessoas fundamentais para essa transformação e legitime sua vida ratificando que é capaz de sair do casulo e desbravar a realidade.

Os filhos estão crescendo e sua conta bancária deve acompanhar essa cadência.

O DINHEIRO É MUITO IMPORTANTE PARA A CONCRETIZAÇÃO DOS SONHOS E PODE AJUDAR BASTANTE PARA A FELICIDADE.

Não pense nele como algo nefasto. Determine que seja um elemento necessário para essa mutação; e sem ele não é possível chegar muito longe. Fomos educados a temê-lo e não a adorá-lo. Esse tipo de idolatria não é a mesma coisa que fazemos a Deus, e sim cultuá-lo com importância para sabermos administrar os momentos de crise e investir na cultura da solução e na cura dos males.

Nesse instante mágico, lembre-se daquelas viagens que sempre quis fazer, dos livros caros que deseja comprar, do carro novo que precisa, dos móveis que serão trocados e de todas as contas em dia. Também vibra com a família em harmonia longe de intrigas e influências maléficas; sempre rodeado de amigos verdadeiros e pessoas sem interesse algum em te turbar ou querer desestruturar sua vida.

Ah... Como é bom andar de cabeça erguida sem se preocupar com que os outros pensam a seu respeito. Como é bom ser você mesmo! Finalmente poderá se preocupar com os seus sentimentos e suas exigências sem ser movido pelo que todos podem achar de suas decisões ou atitudes.

A liberdade enfim! Você abre os braços para o mundo e dá um grande abraço ao universo, à sua nova forma de encarar tudo, todos e à sua inteligência. Pare um pouco para refletir e reafirme que você é uma pessoa sábia e como pôde ter sido tão diferente do que é por tanto tempo. Como pôde ter se agredido, violentado e violado seus conceitos, sua personalidade e seu caráter? Como pôde ter sido tão covarde com a vida e se permitido sofrer e ser levado pelas pessoas?

Não. Definitivamente você não é mais essa pessoa. Acabou. Aliás, começou. Pense que se o fim fosse tão ruim assim, não existiria o começo, ou o recomeço. A autochance de se permitir tentar novamente e errar, dane-se.

Pode até sentir raiva de si próprio, não faz mal algum. Converta esse sentimento em gana de vitória, ambição de uma vida melhor, sucesso e grandes realizações. Enumere suas estratégias e esmiúce as diretrizes para esses propósitos. Sinta a ira por um tempo, mas não deixe que se apodere de você. Antes ela do que a apatia, depressão ou inércia. Aliás, como existe gente inerte na vida; pessoas que esperam sentadas as coisas acontecerem e só se erguem para assistir a derrota dos outros, criticar e falar mal do que não lhe dizem respeito.

SEJA VOCÊ MESMO SEMPRE. SEJA GENTIL COM SEU CORAÇÃO E ALMA. A HORA É SEMPRE O AGORA, NUNCA DEIXE PARA DEPOIS A BUSCA PELA FELICIDADE.

Passo 7

Exterminando a Solidão

* MEUS FILHOS NO MUNDO TEMOSUM
PLÃNTO DE MAIOR PRAGA QUE
PRODUZ AS PIORES MOLESTIAS QUE
DESTROI A MENTE SURDOS DESTROI O
AMORRR CEGA E MATA A HUMANIDADE
LEVA PARA O ABISMO PECADO CAPITALIS
MO POR JESSUSS DISSE GENTILEZA AMORRR

José Datrino – "Profeta Gentileza"

Está claro como água que se tropeçar, o problema será seu e de mais ninguém. Não interessa ao mundo o que acontece com você, pois você é único em sua existência e está disposto a acertar. O acerto está escrito e já decretou isso, pois suas determinações são soberanas.

Nem pensar em errar, já não se acha tão novo para delatar sua vida assim. Não se exponha mais. Essa história de aprender com os erros já era para você. Agora só vai atingir o alvo de forma certeira, pois sua mira está aguçada e a gana pela harmonia pessoal é muito forte.

Inclusive, resolve se dedicar a alguma filosofia de vida ou religião para se reencontrar com Deus.

Não que tenha perdido a fé, mas acha na verdade que ela foi dar um passeio logo ali e acabou de voltar.

    Sua esperança também se afastou por uma temporada, mas segurem-se quem puder, pois você deu um tropeção nela no meio da confusão, fizeram pazes e juras de amor eterno. Assim sempre terá motivação para viver e não renunciar. Deixe que os outros desistam e sejam vencidos pela lassidão.

    Que falem o que quiserem, mas já é uma nova pessoa e tem pena de quem não é igual a você. Prometa mentalmente que ajudará a todos que precisarem, afinal a solidariedade é nata e como não é egoísta, divida seu sucesso com todos. Sabe que vai ter muitas vitórias e colherá frutos recheados de um delicioso sabor de riqueza.

    Planeje preparar uma grande festa para ser coroado diante de todos. Sua coroa não é a soberba ou a vontade de humilhar ninguém. Deixe que todos admirem sua determinação e garra e mostre que a sua vida mudou. É rei enfim e pretende assumir sua posição permanentemente.

SEU TRONO É O TRIUNFO DE MUITAS CONQUISTAS BASEADAS NO TRABALHO, NA GARRA E NA DETERMINAÇÃO. SUA MAJESTADE POSSUI O COMANDO

E AS RÉDEAS DA SITUAÇÃO.
A CONDUÇÃO DE SUA VIDA É SOMENTE SUA.

Você foi capaz de decifrar as esfinges, vencer as dificuldades e dar a volta por cima. E quanta poeira se fez durante esse período. E quem se levantou e se ergueu em riste foi você. Agora só existem neblina e obscuridade diante das coisas ruins. Não enxerga mais o mal e não deseja a mesquinharia. Só consegue avistar aqui, milhas adiante e à velocidade da luz. Avante forte desbravador! Esse é seu lema, e sua bandeira é o amor e não se canse de defendê-los e tomá-los como lei para sua casa, sua família e seu trabalho. Sua forma de pensar faz parte da realização pessoal e concretize seu raciocínio e sapiência.

Ops! Sente um vazio dentro do peito e quer preenchê-lo imediatamente. Segue sua intuição e descobre o que incomoda: ainda não recuperou a pessoa amada que também foi embora naquele tempo que fazia o que os outros queriam. Não espere até amanhã para recuperá-la. Faça-o agora mesmo e devolva ao seu coração a energia primordial da humanidade.

Delibere-se em resgatar sua vaidade e deixe o orgulho banal de lado. Ninguém vive sozinho, muito menos você. Você será mais forte na companhia daquela pessoa e sabe que dividir a alegria é muito bom. Vale a pena rever as imaturidades do relacionamento e dar valor aos momentos de alegria que foram muito maiores e valorosos.

Só os imbecis valorizam os erros e defeitos. Seja superior e não vandalize o querer. Não marginalize o companheirismo e a espiritualidade. Nem pense em envelhecer solitário, muito menos em destruir seu pedacinho de afeto e ternura. A reconstrução da sua família será fundamental nessa nova fase que será eterna. Seu coração tem vontade própria e quer ser feliz.

Você é uma grande rocha vitalícia que se transformou com o tempo e nunca se acaba. A pedra é perpétua e não possui face, a não ser que você a esculpa com suas mãos e a desenhe da forma que quiser. Dê vida a ela e veja como tudo é tão bom. Você é assim agora e conseguiu se transformar no que é mais belo. Um ser forte e capaz de enfrentar os obstáculos, admirar o sol e sorrir para o mundo. Não é qualquer um que pode sentir a alegria das crianças, o perfume das flores e a importância da amizade. Sede gentil contigo. Sede gentil com a vida.

Passo 8

Aceitando os Desafios e Encarando as Dificuldades

GENTILEZA GERA GENTILEZA AMORRR / MEUS FILHOS NOSSA CABECA NOSSO MESTRE O / MUMDO E UMA ESCOLA ENSINA O LADO POSITIVO E O / NEGATIVO NOSSO BOM PENCAMENTO NOSSO PARAISO / BOA PALAVRA A PORTA DO PARAISO DE DEUS PENSAME / NTO NEGATIVO DE MALDADE E O INFERNO DO DIABO A / MAL PALAVRAS A PORTA DO PURGATORIO DO MESMO / CUIDADO CABECINHAS CUIDADO LINGUINHAS FERINAS / POR JESUS DISSE PROFETA GENTILEZA AMORRR PAZ

José Datrino – "Profeta Gentileza"

Como superar os obstáculos que aparecem em nossas vidas sem nos abatermos e querermos desistir de tudo — desistir de lutar, de conquistar, de ser, de querer, de estar feliz, de saber, de gostar? Como não nos entregarmos à apatia sem acharmos que tudo de ruim somente acontece com a gente e nossos problemas são sempre os maiores? Essas questões nos remetem à cruel conclusão de que somos impotentes diante de muitas coisas e situações, e que sempre existirão pessoas que farão de tudo para nos infringir, nos boicotar, nos desmotivar e fazer com que nos sintamos rebaixados. Podemos nos deprimir e nos sentirmos incapazes de realizar qualquer tarefa. Além disso, não conseguimos relaxar e ter a tranquilidade necessária para a superação dos imprevistos, pois muitas vezes não conseguimos enxergar as soluções que podem estar em nossa frente.

O importante é continuar no caminho certo e retirar todas as pedras que porventura aparecer. A vitória vem por méritos próprios e não por causa dos outros. O esforço pessoal é o guia para o sucesso e a disciplina individual é marcante quando almejamos alcançar o sucesso profissional e sem ela não é possível "organizar" o que for preciso na rotina diária de forma que estruture as atividades e facilite a superação das adversidades.

Vamos refletir então e achar a moral da história (se é que ela existe). Primeira coisa a ser feita: não confundir dificuldades com desafios, pois existem diferenças entre eles e não devem se misturar. Alguns dizem que um complementa o outro, mas pra mim essa teoria não se fundamenta, nem sequer se justifica se levarmos em consideração que ninguém quer encontrar impedimentos por aí e sair tropeçando em obstáculos.

AS DIFICULDADES PODEM SURGIR DE REPENTE, SEM DAR SINAIS DE SUA EMINÊNCIA, PARA NOS DESAFIAR E TESTAR NOSSA CAPACIDADE DE ARREMESSAR NOSSA PACIÊNCIA PELOS ARES A QUALQUER CUSTO.

Percorrem os caminhos à velocidade da luz e insistem em nos provar constantemente de que somos incapazes e despreparados para suportar as demandas impostas por elas. Mas, quando aparecem, somos nós que devemos superá-las. Nossa competência e resiliência são testadas nessa hora e a capacidade de superação pode ser nossa guilhotina então. Porém, ninguém em sã consciência quer passar por isso, sofrer e desejar o próprio mal ou muito menos exasperar a derrota.

São (as dificuldades) como uma esponja a sugar as energias vitais que toda pessoa empreendedora precisa. Ao contrário dos desafios, as dificuldades empurram em direção descontinuada e facilitam a queda na beira do precipício. O abismo pode ser sem fundo, infinito ou sem luz — dependendo de nossa visão ou capacidade de discernimento. Saber contornar as intempéries, os obstáculos e as situações problemáticas não é tarefa das mais fáceis, mas se tivermos determinação e vontade de superação, tudo se tornará mais próximo ao alcance das mãos. Além disso, só enxergamos nossa força real quando estamos diante de algum problema ou situação de risco, pois somos obrigados a encará-los ou solucioná-los.

Mais uma vez reafirmo que todos nós temos dois caminhos a serem seguidos: ou sentamos e esperamos as coisas acontecerem (nunca acontecem) ou enfrentamos as adversidades (decisão mais acertada). Algumas dificuldades nos fazem pensar em desistir, por exemplo: o cliente que vem à empresa reclamar do produto ou do serviço, a equipe não está rendendo o que deveria e não conseguirá atingir as metas, a crise no casamento, os filhos que reclamam mais por sua atenção, o dinheiro que não sobra mais etc. Mas, será que devemos declinar à vida? Será possível que iremos nos flagelar e não tomar atitudes por covardia ou medo das prováveis reações dos outros? Vamos encarar os problemas ou nos esconderemos? Seria mais fácil desistir ao invés de mantermos a persistência contínua para o sucesso?

As respostas para essas perguntas são óbvias e sem sombra de dúvidas devemos enfrentar a realidade e resolvermos todas as pendências, dificuldades além de driblarmos as adversidades — que inclusive nos ajudam a crescer e repensarmos nossas vidas a fim de proporcionarmos uma reforma interior e íntima. Sim, deve-se seguir em frente e não se abater e se acovardar diante das dificuldades — em seu projeto de vida deve determinar ser corajoso e destemido, além de decretar sucesso e progresso em suas ações.

Em relação aos desafios, eles nos impulsionam a fazer mais alguma coisa e atingirmos nossas metas; nos direcionam, nos revigoram e injetam o "gás" necessário para seguirmos adiante. Na verdade, nos motivam e são uma espécie de mola propulsora para o sucesso, pois estamos diariamente nos desafiando. Porém, devemos sempre enxergar os desafios como necessários, pois aprimoram a competência de superação e lapidam a sensibilidade e a maturidade.

A VONTADE DE VENCER É DETERMINANTE E EXTERMINA AS TENSÕES DO AMBIENTE DE FORMA QUE O SUJEITO SE TORNE RESILIENTE E SAIBA ADMINISTRAR AS EMOÇÕES.

Isso é ser gentil com as metas e os objetivos de forma que tudo possa se tornar mais leve e consistente ao mesmo tempo, especialmente na hora da tomada de decisões.

Os profissionais devem ser desafiados constantemente a resolver problemas e buscar as resoluções necessárias, mesmo que para isso seja necessário encontrar recursos e informações, interagir com seus colegas de equipe, líderes e clientes. A sinergia entre as pessoas é sempre bem vinda já que aprendemos e apreendemos muitas coisas com isso.

Diante do conhecimento desses dois conceitos, podemos iniciar a segunda fase que é a de transformação ou conversão dos valores. Existe um ditado (desconheço o autor) que diz: "O que não me destrói, me fortalece". É importante lutarmos contra o sentimento de derrota e transformar as intempéries em força para lutar. A lei da selva nos exige sem cessar a recarga automática das energias para garantir nossa sobrevivência e nos mantermos competitivos.

Não é tão difícil superar as intempéries de nossa jornada turbulenta. Uma dose de bom humor, esperança, otimismo e resiliência são os ingredientes perfeitos para o sucesso. Basta juntar esses ingredientes em seu rol de objetivos e determinar que os seguirão como um manual de sobrevivência na *via crucis* do crescimento profissional.

A concorrência é saudável, os obstáculos existem e sempre farão parte de um todo. O universo funciona como uma engrenagem, e nenhuma peça pode falhar, uma depende da outra e estão intrinsecamente ligadas. Um elo com defeito compromete e pode corromper todo o sistema. Esse sistema pode ser chamado de "vida", ou seja, nossas "vidas" num jogo onde a regra é perder ou ganhar, lutar ou morrer, simplesmente continuar no páreo.

Diferenciar esses dois itens (dificuldades e desafios) pode parecer complicado, principalmente quando estamos passando por momentos difíceis e que exigem que tomemos muitas decisões.

Essas decisões podem ser nos âmbitos profissional ou pessoal e, frequentemente, acontecem ao mesmo tempo. A vida não escolhe os melhores momentos para isso e parece que nunca estamos preparados – mas estamos sim. As dificuldades despontam como num piscar de olhos e nossa capacidade de resiliência deve acompanhar esse ritmo; desenvoltura essa que deve auxiliar na busca de melhores saídas, caminhos (por mais estreitos que sejam) e possibilidades.

A vida é como o universo, múltiplo em consequências, oportunidades e chances de alcançar o sucesso. Empreender em todos os momentos é missão tangível de todos nós e temos que fazer isso com nossos projetos para o presente e o futuro, ou seja, independente de seu prazo de execução. Não importa para quando estipulou atingir o alvo de objetivos e metas, o inaceitável é não se programar para tal coisa.

OS SENTIMENTOS DEVEM SER LEVADOS EM CONSIDERAÇÃO E VALORIZADOS POR TODOS, ESPECIALMENTE PELOS LÍDERES, QUE ATUAM DE FORMA DIRETA COM GERÊNCIA DE PESSOAS.

Realmente, nossas cabeças são como uma máquina de relógio. Tudo deve funcionar com perfeição para evitarmos a pane. As empresas nos consomem, nos exigem e devemos estar de prontidão para atender suas necessidades, sem falar nos problemas sociais e familiares que também contribuem para nosso desgaste mental. Ambos nos exigem bastante dedicação fazendo com que nossas atividades sejam intensas e cheias de dissabores. Devemos colaborar para que seja aliviada de tanta tensão e possamos aproveitá-la ao máximo. Somos perecíveis e podemos nos deteriorar muito facilmente. Por isso, não podemos ajudar a degradar o que sentimos com a hostilidade e o menosprezo à emoção.

Como fazer então para não misturar o pessoal com o profissional? A resposta está dentro de cada um de nós e é intransferível. Pode ser complexa ou bastante simples: com a construção do altruísmo e a (trans) formação de um bom caráter. A gente sabe quando as pessoas têm essas virtudes e qualidades. É fácil ver que existem seres humanos dignos quando demonstram carinho e compaixão pela dor dos outros; apesar da empatia ser um mérito de poucos, deveria ser trabalhada nas corporações, pois é uma diretriz para a satisfação pessoal. Basta um pingo de solidariedade para se perceber a amizade. Basta um pouco de humanidade para movimentar uma equipe de forma favorável e eficiente.

A vida não para e devemos evitar a inércia. O movimento constante e a circulação de energia positiva vão contribuir para a oxigenação do cérebro e, com isso, fazer brotar ideias e soluções de forma leve e criativa.

Terceira fase: saber discernir as máquinas dos seres humanos. As primeiras são instrumentos sem sentimento, vida própria ou reações e facilmente programáveis. Se você é líder ou chefe de uma equipe, gerente, superintendente, diretor, qualquer que seja seu cargo, nunca se esqueça de que as pessoas têm sentimentos e não são robôs. Todo mundo tem defeitos e qualidades. Todo mundo erra, acerta e tenta de novo A escala de produção é movida pela racionalidade e capacidade de gerir emocionalmente. Todos querem carinho e almejam se sentir queridos. Os seres humanos sentem, querem, realizam e podem determinar o curso a ser seguido — livre arbítrio para escolher e decidir — decidir ser feliz.

Passo 9

Cuidando da Sua Vida Para Um Bom Recomeço

> *DEUS GENTILEZA QUE GERA GENTILEZA
> AMORRR BELEZA PERFEIÇÃO BONDADE
> E RIQUEZA A NATUREZA
>
> *José Datrino – "Profeta Gentileza"*

Sempre há tempo para repensarmos nossos feitos, principalmente quando não nos sentimos realizados profissionalmente ou incapazes e desabilitados para a vida. É praticamente impossível desassociar a satisfação pessoal da profissional e vice-versa (não é tão simples assim deixar os problemas do lado de fora da empresa e fazer de conta que nada aconteceu).

Mas esse sentimento é natural e inerente às pessoas que são guiadas pela natureza e ponderação. A racionalidade não acontece somente quando tomamos uma decisão centrada ou correta diante da necessidade — ela está presente naqueles que precisam de bem-estar psíquico para viver e ponderação para tomar atitudes maduras e coerentes.

O sentimento de incapacidade e incompetência deve ser convertido e servir de estímulo para uma mudança rápida, pois as revoluções para o bem são sempre bem vindas e devemos estimular essa alteração de vez em quando. As pessoas ao redor que são detentoras de habilidade para detectar essa urgência, devem se movimentar e ajudar ao desprovido de ânimo nesse instante.

Apesar de serem cada vez mais raras, sem condená-las, pois são dirigidas pela burocracia, essas pessoas ou líderes ainda existem por aí e pensam que conseguem se manter no mercado de trabalho por muito tempo.

Conhecemos indivíduos que gostariam de estar em nossos lugares e nos invejam por simplesmente termos um emprego e, nós que estamos nessa posição privilegiada, vivemos reclamando de tudo. Nunca estamos satisfeitos com nossas condições, realidade, estilo de vida, conta bancária, entre outras coisas mais. Mas o correto é lutar para revitalizá-las, resgatar os bons momentos (projete-os para o futuro) e aparar o que for necessário.

Nada é alcançado sem esforço ou sacrifício e somente temos aquilo que merecemos e buscamos. Uma busca, digo particularmente, cansativa e que exige muita dedicação e empenho.

Somos obrigados a nos exigir impulso e energia para sobrevivermos e transformarmos nossos sonhos em realidade. Nesse caso, devem gerar objetivos e metas e temos que traçar planos para chegarmos até eles. No início, tudo parece muito difícil e pensamos em desistir. Mas, porque desanimarmos se esperamos uma recompensa? Os troféus de todo esse esforço são nossa vitória e os frutos maduros que colhemos com o passar do tempo. Esse tempo não deve ser mensurado em dias, meses ou anos. Ele pode ser calculado instantaneamente e podemos nos compensar com cada segundo respirado com dedicação e trabalho.

TODOS OS SEGUNDOS SÃO LEVADOS EM CONSIDERAÇÃO QUANDO PENSAMOS NA VIDA COMO UM TODO E ELA (A VIDA) PASSA COMO UM PISCAR DE OLHOS.

Então, vamos analisar a vivência dentro de uma empresa. As corporações exigem resultados em todos os momentos e as etapas devem ser cumpridas diariamente. Por isso, digo que não podemos trabalhar hoje para conquistarmos algo depois de alguns anos. Vide que não faço conjecturas sobre o futuro. Ressalto os resultados imediatos, pois é isso que o mercado de trabalho ambiciona e espera de nós. Desempenhamos tarefas exaustivamente e cansamos nossas mentes e corpos todos os dias.

Portanto, devemos aproveitar todas as oportunidades que surgirem para relaxarmos e direcionarmos o consciente numa corrente positiva e otimista. Dedicar algum tempo à família e às atividades que proporcionam descanso mental é fundamental nessa etapa e deve se tornar um hábito.

    Muitas vezes nosso corpo começa a dar sinais de cansaço. O cansaço físico pode transformar seus dias de trabalho num verdadeiro martírio. Além disso, existe a estafa mental, que é perniciosa e compromete todo seu rendimento. Quantas tarefas você deixa de fazer porque está cansado e não consegue raciocinar? Quantas vezes posterga algumas atividades por não ter estrutura mental para se concentrar? Isso não é nenhum pecado! Seu corpo simplesmente está querendo te dar um alerta de que algo errado está acontecendo e que você precisa parar por uns dias. Talvez esteja na hora de tirar férias ou descentralizar suas tarefas.

    Vamos analisar essas possibilidades agora. Provavelmente está se desdobrando e trabalha mais de 10 horas por dia. Pare de fazer isso!

    Não está conseguindo folgar nos dias certos. Pecado capital! Todo trabalhador tem o direito do seu dia de descanso. Isso é lei!

    Sempre tem uma pessoa desagradável em sua empresa que colabora com seu estresse jogando piadinhas e sendo grosseirão? Mais uma razão para refletir sobre sua vida. Essas pessoas são tão inúteis que não conseguem conviver em comunidade. Deveriam estar enjauladas em zoológicos ou manicômios. Ou então deveriam ser exiladas no meio de um deserto somente com água para sobreviverem.

Não vou me empolgar e começar a falar novamente desses tipos de pessoas. Mas, sabia que a maior causa de estresse dentro das empresas é o mau relacionamento com os demais colegas? Ninguém gosta de ser maltratado ou menosprezado. Isso cansa! Cansa a cabeça e, por consequência, o corpo fica sem alinhamento e em perecimento.

Deveríamos nos juntar e organizar um grupo de manifestação contra esse tipo de ser humano. O *slogan* pode ser: "Cansamos de trabalhar para terroristas", ou "Cansei de você — vou tirar férias".

É TÃO BOM IR PARA SEU AMBIENTE DE TRABALHO E SABER QUE ENCONTRARÁ A PAZ, HARMONIA E SOLIDARIEDADE.

Por mais cansado que seu corpo esteja, você vai poder desenvolver pacificamente seus deveres diários. Quando a mente está ativa e arejada, as ideias surgem, as soluções para os problemas aparecem mais facilmente e até sorrimos com mais naturalidade.

Você se lembra quando foi a última vez que se encantou com o canto de um passarinho ou o perfume de uma flor?

Aproveite seus poucos momentos de paz e procure entrar em sintonia com a natureza. Medite! Descanse a cabeça e o corpo e procure superar a fadiga e evitar a exaustão.

Passo 10

Vencendo o Cansaço e o Desânimo

> DEUS NOSSO PAI GENTILEZA E A NATU
> REZA CRIADORR O! DESTRUIDORR E O CAPE
> TA VEM DO CAPITAL FAZ O!
> DIABO DEMONIO
> O! MARGINAL AI A HUMANIDADE VIVEM
> MAL DE AMOR
>
> *José Datrino – "Profeta Gentileza"*

Se chegarmos a essa altura do campeonato e nos sentimos cansados — mas nunca desistimos — devemos raciocinar e refletir sobre o que queremos. Sei que sabemos os nossos anseios e disputamos boas colocações todos os dias nesse meio desenfreado.

Já alcançamos algo por isso. Conquistamos espaço e temos peso no mercado. Se o desânimo nos abater, devemos recomeçar, pois nunca é tarde para isso. Aliás, nunca é tarde para nada. A desistência é que não pode dominar nossas cabeças e talento adquirido com a experiência.

Ninguém é capaz de subtrair aquilo que aprendemos, pois somos indivíduos com sensações e vivências únicas. Digo que tudo o que vivemos é pessoal e intransferível.

Todos nascem com inteligência e potencial para alguma coisa. Conhecemos pessoas que mal sabem ler e escrever e, ainda assim, desenvolvem habilidades que, mesmo que tentemos, não conseguiríamos obter com o mesmo êxito.

Já se imaginou cuidando muito bem de crianças como as babás e criando um vínculo extremamente forte com suas famílias? Já se imaginou trabalhando em cemitérios enterrando pessoas e conseguir dormir normalmente todas as noites? Pense agora naqueles profissionais que arriscam suas vidas como os bombeiros e policiais. São pessoas que detêm competências natas e que desenvolvem suas atividades com toda a dedicação e esmero como você que está lendo esse texto, independente de sua vocação ou habilidade.

Pois bem, existem pessoas que fazem isso e gostam muito. Pena que muitos se depreciam por se acharem velhos demais ou sem dom para nada.

O começo (ou recomeço) para muitos pode ser complicado principalmente quando elencam muitos obstáculos e dificuldades para tentarem dar uma guinada em suas vidas, especialmente quando reclamam que ou nunca têm tempo ou que não vão ter o apoio da família.

Dizem que existem pessoas que dependem de sua dedicação como os filhos, ou os pais por serem muito velhos. Não encontram solução ou saída para voltar a estudar e, muitas vezes, ainda precisam ser alfabetizadas. As possibilidades de esse projeto dar certo são muito maiores do que os empecilhos que promovem, pois parece que seus problemas são maiores que os de outras pessoas.

O QUE VALE MESMO É A CORAGEM E TRAÇOS DE TALENTO QUE SÃO NATOS DE TODOS OS SUJEITOS.

  Conheço mulheres e homens que recomeçam suas vidas depois dos quarenta anos e se sentem revigoradas como um jovem adolescente. A idade mental é que determina o que cada um pode fazer e ser. A vontade de dar a volta por cima é soberana e vital para quem realmente quer alcançar alguma coisa.

  As empresas hoje procuram pessoas dispostas a investir em suas carreiras independentemente da idade ou do sexo. A vontade de seguir em frente e se dedicar são preponderantes num processo de seleção. Não existe mais distinção desses itens.

  Não crie dificuldades que não existem. Não se ache a pessoa mais incapaz do mundo. Não culpe os outros pelos seus problemas. Somos aquilo que queremos e podemos alcançar nossos objetivos — basta traçá-los e se esforçar bastante. Não se preocupe com poucas horas de sono ou se tem que se deslocar muito até o trabalho ou escola. Nunca ouvi dizer que alguém morreu porque trabalhava muito longe de sua moradia. Realmente, sei que é desgastante e cansativo, mas não dá pra desistir por esse motivo. Conheço pessoas que se desligam do trabalho por isso e não dá pra aceitar essa desculpa. Na verdade, querem mesmo é não fazer nada e viver do favor dos amigos e parentes. Gostam do ócio e de ficar em casa descansando, pois acham que a vida é feita de sombra e água fresca.

Não deixe esse mundo te levar para o abismo e não se acostume com a indisciplina. Seja gentil com sua consciência e se orgulhe de si próprio. Abrace essa causa para se lembrar do passado com alegria e satisfação.

Peço desculpas se estou sendo bastante franco em relação a isso, pois na verdade, quero chamar a atenção de pessoas que se aproveitam do esforço de outros para viver. Para esses digo que devem buscar o estudo e o trabalho, pois se esperarem sentados algo de bom acontecer, podem cansar. Aliás, perdão mais uma vez. Pessoas assim nunca cansam de fazer nada!

Não se permita ser incluído nesse time de derrotados. Procure a coragem dentro de si e lute bastante para ser feliz. Procure um emprego, se dedique e cuide de sua vida. Não se abata diante das dificuldades e não desvie sua atenção para o que os outros fazem ou pensam.

Aja com personalidade e com vontade de chegar lá. A linha de chegada está pronta para pessoas empreendedoras e que não têm medo de viver. Levante sua autoestima, não espere milagres acontecerem e não acredite em ilusões, pois o mundo não é nenhum conto de fadas.

TEMOS QUE NOS ESPELHAR NAQUELES QUE DERAM CERTO E SABER COMO FIZERAM PARA ALCANÇAR A REALIZAÇÃO.

É muito bom atingir o ponto máximo, pois os limites somos nós que determinamos. Depois que se sentir preparado, elabore um bom currículo e busque sua vaga ou promoção. Tem sempre alguma empresa esperando por alguém como você. Insista e acredite na vida.

Passo 11

A Gentileza Empreendedora

> MEUS FILHOS EM 2.000 POR ORDEM DE
> DEUS NOSSO PAI GENTILEZA CRIADORR
> UNIVERSSO O DIABO DO CAPETA QUE VEM
> DO CAPITALISMO
> DOS FILHOS HOMENS PERDEM O MANDATO
> QUEM VAI
> GOVERNAR O MUNDO DE DEUS VAI SERR
> OS ESPIRITO
> SÃNTO DE AMORRR POR JESSUSS DISSE
> GENTILEZA AMORRR
>
> *José Datrino – "Profeta Gentileza"*

Quando nos deparamos com a desmotivação e vemos que ela começa a tomar conta de nossa rotina profissional, devemos nos preocupar e buscar soluções para a retomada em grande estilo. Nunca é tarde para realizar mudanças e elas devem acontecer de forma positiva, mesmo que seja movida a base de críticas, sugestões ou reclamações.

O tempo é determinante nessa fase e exige agilidade na tomada de decisões. Um bom profissional sempre encara com bons olhos todas as opiniões, pois podem se juntar e formar uma corrente favorável à nova forma de encarar a realidade. As mudanças devem começar interiormente com bastante reflexão e análise de tudo que desempenhamos ou deixamos de fazer com o passar da jornada. Lógico que vamos levar em consideração aquilo que vem de pessoas competentes e com experiência suficiente para ajudar na promoção da mudança.

Um líder nato consegue perceber suas falhas diante da atitude das pessoas e, principalmente, da equipe comandada. Vários sinais de alerta são emitidos durante o percurso e temos que observá-los e compilá-los de forma a colaborar com a revolução interna. Friso a necessidade de uma mudança interior primeiro, pois de nada adiantará aparências e máscaras, pois serão tombadas como num piscar de olhos.

Os vestígios da fraqueza acabam sendo desvendados com os dias e qualquer um pode ser capaz de perceber a não mudança. Nesse caso, um passo em falso pode ser fatal e comprometer todo o aparente empenho em sobrepor as dificuldades e obstáculos do percurso. Fazer uma investigação pessoal e ter um tempo para refletir pode, talvez, ser crucial para desenrolá-lo desse processo sumarizado com o estresse e cansaço profissional.

A partir do momento que essa conscientização em prol da virada acontece, se faz *mister* colocá-la em prática e estabelecer objetivos e metas para o sucesso.

O início pode ser complicado, pois todos podem precisar de uma readequação de sua postura e se readaptar aos novos moldes do profissional que estava asilado. O talento é latente dentro de qualquer pessoa, mas nem todos podem visualizá-lo, pois se torna difícil a tangibilidade de algo empírico ou holístico.

EMPREENDER COM A PRÓPRIA CARREIRA É UMA MISSÃO ETERNA DE TODOS OS PROFISSIONAIS, DESDE A BASE AO TOPO DA PIRÂMIDE.

Sem pretensões inequívocas ou inadequadas, o desempenho desde então deve ser mensurado com dedicação e virtudes. Não se deve esperar resultados imediatos (mesmo com sua eminência anunciada), porque o tempo — apesar de cruel e incansável — não produzirá milagres até então "não" alcançados.

Buscar a genialidade é possível e acessível a quem se dispõe a tal feito. O empreendedorismo, apesar de não ser subentendido a todos, pode ser desenvolvido e descoberto com uma minuciosa investigação: primeiro pessoal, depois psicossocial e, por fim, externa.

A mudança é importante em todas as fases de uma carreira, pois as informações fazem com que as pessoas se tornem muito mais exigentes e buscadoras da perfeição — mesmo que seja impossível alcançá-la.

O mais difícil é convencer aqueles de que transformação e mutação no mundo corporativo são indissolúveis, sendo concreta em seu teor e instigante para quem não se convence de que a rotina é necessária e sem necessidade da aplicabilidade de fomentos duradouros (quiçá permanentes) que perdurarão para o incremento na segregação dos valores.

A aplicabilidade de tal feito promove, *ipso facto*, a concretude antiderrotista e veemente de erradicação do pseudofracasso. Além disso, sua servidão será útil no desenrolar do processo cons-cientização-realização pessoal e motivador de novas atitudes perante o confrontamento da situação.

Para que não seja sugestionável, determine metas a serem cumpridas e organize as atividades de forma que possam ser desempenhadas e ementadas com as possibilidades. A absorção (sub) sistemática resistirá à ampulheta imposta pela competição e despojada de *esfinges* não decifráveis.

Resumindo, se proponha a promover essa mudança interna e não espere por ninguém. Siga seu caminho em busca do progresso e entenda que o sucesso deve ser a consequência de seu bom trabalho e não o objetivo final.

Vá até lá!

Passo 12

Perdendo a Razão — O Contrário da Gentileza

> GENTILEZA GERA GENTILEZA AMORRR
> MEUS FILHOS TODOS VOS SAO
> EMTELIGENTES NOSSA CABE-
> CA NOSSO MESTRE O MUNDO E UMA
> ESCOLA ENSINA O QUE E
> BOM DO QUE NAO PRESTA PEDIA JESSUSS
> SEPARAI O TRIGO DO
> JOIO QUEM NAO VEIO PARA SERVIR NAO
> SERVE PARA VIVER
> FERRO VELHO VOLTAMOS AO PARAISSO DE
> DEUS PENCAMENTO
> POSITIVO BOA PALAVRA PORTA DO CEU DO
> MESMO PENCAMENTO
> MAL E DO DIABO POR JESUS DISSE PROFETA
> GENTILEZA AMORRR P
>
> *José Datrino – "Profeta Gentileza"*

Da mesma forma que qualquer funcionário pode sentir raiva de seus chefes ou líderes e quererem, de certa forma, boicotar as estratégias da empresa e comprometer seus rendimentos, os "patrões" também são seres mortais e têm todo o direito de manifestar sua indignação e sentimento de raiva.

É lógico que, da mesma forma que proponho em *Como driblar a raiva no trabalho*, todos devem seguir atentamente a uma conduta ética e condizente com o bom caráter corporativo. Não trapacear e não prejudicar os interesses da empresa são premissas fundamentais para serem seguidas pelos líderes de qualquer corporação.

Os chefes podem ter suas vontades negadas e nem sempre podem executar suas ideias por causa da intransigência dos liderados. Funcionários descomprometidos ou que não se relacionam bem com os demais colegas podem ser um transtorno na vida de qualquer um e tirar a paciência de toda a equipe.

As diferenças entre os líderes e os liderados não podem ser medidas pela competência ou inteligência de cada um. Os chefes são obrigados a manter sua postura ilibada e dar o exemplo na conduta diária dentro da empresa.

Não podem afrouxar em sua performance e nem cogitar a possibilidade de vacilar perante os integrantes de um grupo. Isso não é nem um pouco fácil, principalmente se estiver passando por um "dia de cão". Lembre-se: todos têm problemas dentro e fora das empresas e muitas das vezes nos sentimos incapazes de realizar uma tarefa importante. O chefe está lá, de bem com a vida, e sabendo separar muito bem as situações. Aliás, todo líder tem que saber separar o joio do trigo para manter seu cargo e sucesso profissional.

Se você é líder, gestor, chefe, patrão, diretor, proprietário da empresa ou qualquer função que tenha subordinados, tome muito cuidado para nunca perder sua razão. A sensatez e a serenidade em situações conflituosas são imprescindíveis. O funcionário pode acabar com sua calma e ainda acionar a CLT para exigir seus direitos e corromper sua reputação no mundo empresarial.

COMO CONSEGUEM MANTER UM RITMO DE TRABALHO, QUE SEMPRE É ACELERADO, SEM DISPENSAR UM TRATAMENTO HUMANO E RESPEITOSO PARA COM OS DEMAIS?

Tudo bem que jamais concordaria com represálias ou rebeliões dentro das corporações, mesmo porque isso não resolveria nada, mas também não concordo com atos que possam comprometer a imagem de qualquer trabalhador.

Iniciando nossa conversa, digo que jamais devemos perder nossa razão e nossa lucidez, muito menos agredir física ou verbalmente qualquer outra pessoa. Se a filosofia ou as pessoas que trabalham na sua empresa te incomodam, pode escolher dois caminhos: o primeiro é tentar uma conciliação e transformar o ambiente de forma favorável e racional. Pode não conseguir. O segundo caminho é a consequência de uma tentativa frustrada de pacificar as equipes, onde não terá escolhas. Aí sim, busque alternativas como se recolocar no mercado de trabalho ou mudar de setor, se isso ajudar.

Em hipótese alguma devemos retrucar ou levar as ofensas para o lado pessoal, muito menos absorver tudo e atrapalhar o andamento de nossas vidas. Quando a cabeça está atordoada com essas coisas, o estresse gerado pode comprometer seu rendimento e dilatar suas tarefas. E eu sei que nenhum líder (ok, eles chamam de chefe) quer seu colaborador desgastado ou afastado do serviço por motivo de doença, principalmente se tiver sido causada pelo trabalho.

Os líderes devem se preocupar com esse tipo de ressentimento por parte da equipe e correr contra o tempo. Por que não refletem sobre sua postura? Por que não repensam suas atitudes e tentam mudar também? Por que não são mais gentis ao invés de abusarem da hostilidade? Nesses casos, a gentileza seria um ingrediente básico e indispensável para a troca de energias entre todos. Com uma dose de persistência, conseguiremos chegar lá. Faça sua parte, eu farei a minha e um dia o mundo estará se manifestando contra a grosseria e expurgando os malvados.

Abaixo listo alguns arquétipos de funcionários mais encontrados nas corporações e que podem tirar qualquer líder do sério. Leia atentamente todas as características e siga as instruções de como se defender desse tipo de não colaborador.

Funcionário descomprometido

Todo o trabalho começa quando é necessário organizar a escala de serviço dos funcionários e sincronizá-la com as necessidades da empresa. Geralmente, as corporações têm seu quadro bastante enxuto e todas as cabeças são fundamentais e indispensáveis para o desenrolar das funções e das tarefas. Em caso de faltas, o líder fica desnorteado em poder remanejar o quadro para que as atividades não fiquem deficientes e os clientes não reclamem.

Porém, as faltas constantes acabam tirando a paciência dos líderes, pois não podem confiar na funcionalidade de sua equipe. Contam com o colaborador naquele dia e horário, e nada. Cadê a figura que não aparece? Imagina uma reunião importante ou algum tipo de atendimento exclusivo a um cliente extremamente relevante, onde a presença desse funcionário é essencial para a empresa?

Além disso, existem aqueles funcionários que vivem se atrasando e sempre dizem a mesma coisa: "Desculpe-me... isso não vai acontecer de novo", "Sabe como é o trânsito nessa cidade. Sempre muito congestionado".

Pra falar a verdade, essas desculpas irritam muito o líder por saber que o "atrasadinho" dormiu até mais tarde e não conseguiu acordar cedo para cumprir sua obrigação. Ou, acontece também, do chefe ficar sabendo que houve uma festinha dos colegas até altas horas com muita bebida e música alta. Não há líder que resista. A raiva é inevitável.

Se você é assim e tem vontade de esganar seu liderado, busque a concentração e não corra o risco de dizer: "Tá pensando que eu sou idiota?". Procure a serenidade nesse momento e faça-o saber que também foi convidado para a festinha de ontem à noite.

Funcionário que nunca acredita que as ideias sejam boas

Se você é algum tipo de líder ou empresário, é porque teve competência para alcançar esse posto e é admirado pelas corporações. Ninguém alcança cargos de confiança por ser bonitinho ou ter olhos azuis (estou falando de empresas sérias). Então, tem por obrigação desenvolver projetos em equipe e trocar ideias com os colaboradores. Não existe gestão competente sem a participação de todos.

Entretanto, sempre tem aquele funcionário que nunca acredita na funcionalidade das ideias e acha que não vale a pena executá-las. Tenha precaução com esse tipo gente, pois costumam contaminar os outros da equipe.

Nesses casos, os seres pensantes das empresas, ou gestores, acabam se sentindo diminuídos e corroídos pela decepção. Não se entregue às adversidades. Enfatize os pontos positivos do projeto e deixe bem claro todos os riscos. Aumente a autoestima da equipe e diga que confia na competência deles.

Não deixe a raiva corromper suas ideias e invista em sua capacidade intelectual.

Funcionário que tem inveja do chefe

Existem pessoas de todos os tipos dentro de uma empresa. Inclusive aquelas que morrem de inveja do sucesso de seus líderes. Querem a qualquer custo assumir o posto e se sentem vitoriosos quando algum superior está chateado ou se sentindo derrotado por qualquer razão. Essas pessoas são como ervas daninhas, que vão sugando, bem devagar, as energias dos líderes sem que eles percebam, e podem, inclusive, boicotar o sucesso das estratégias da empresa. Tudo isso por causa da bendita função que tanto almeja.

Quando o líder descobre que essas pessoas existem, sentem uma mistura de raiva com repugnância e a primeira coisa que pensam é na demissão desse funcionário. Às vezes vale a pena mantê-lo pelos arredores para identificarmos suas potencialidades e verdadeiras intenções. Será que existe a possibilidade de saber algum ponto fraco do chefe? Será que podem realmente corromper o sucesso da equipe?

Essas pessoas podem ser confundidas com os "puxa-sacos" que existem por aí. Na maioria das vezes, tais indivíduos querem mesmo é ocupar esses cargos e dar um adeus aos líderes para sempre. Muito cuidado!

Funcionário "burro"

Geralmente quando um novo colaborador é contratado pela empresa para desempenhar uma função específica, é necessário que passe por uma série de treinamentos para se adequar às normas da corporação e se qualificar para as atividades que serão desenvolvidas. Espera-se que toda essa dedicação resulte num bom desempenho pós--treinamento e o funcionário estará apto a resolver problemas e gerar novas ideias concretas e positivas para o sucesso da equipe.

Mas, como ninguém é igual a ninguém, certas pessoas têm limitações de raciocínio e adaptação, comprometendo o atendimento, as resoluções, além de tomadas de decisões, sempre dependendo de um outro colega mais antigo e experiente.

Muitos líderes já se depararam com esse perfil profissional e teve que ter muita paciência para lapidá-lo até que se encontre definitivamente capaz. Porém, toda paciência do mundo tem limite e acabam perdendo o autocontrole sufocando o liderado em tarefas incompreensíveis. Pensam: "Como esse cara é burro, não consegue aprender nada". A solução para esses casos não é sair gritando com a pessoa dizendo que é incompetente ou que nunca irá aprender algo. Repense os métodos de aprendizado da empresa e reveja a metodologia utilizada no treinamento. Lembre-se que nem todos têm as mesmas competências e habilidades intrínsecas e que precisam desenvolvê-las com o tempo.

Realmente é muito irritante "perder" o tempo com lições de casa ou com conversas intermináveis de como fazer isso ou aquilo na empresa. Esse tipo de coisa é muito comum em qualquer local de trabalho e todos estão sujeitos a profissionais considerados "devagar demais para a função".

Funcionário que fala mal da empresa

Existem pessoas que nascem para reclamar de tudo e de todos, principalmente nas empresas. Esse tipo de colaborador é muito popular por onde passa e pode acabar contaminando outros colegas. O líder deve estar atento a esse tipinho que passa o dia reclamando e dizendo que tudo está errado no setor ou em toda a empresa.

Ele procura locais estratégicos para fazer a disseminação do veneno e poder comprometer a idoneidade dos outros. Quer a qualquer custo unir aliados contra o líder e precisa de tempo para isso. Pode ser na hora do almoço, nos intervalos para o café e até mesmo pelos ramais internos da empresa.

Muito cuidado com esse perfil de pessoas, pois realmente são como ervas daninhas. As informações e insatisfações vão correndo por todos os corredores e setores e aqueles que têm a personalidade mais fraca acabam se corrompendo e se juntando ao mau-caráter.

Procure detectar esse sujeito e transfira-o de setor se possível. Ou então, tenha uma conversa muito séria e diretiva sobre o assunto. Quem não está satisfeito com o emprego deve juntar suas trouxas e procurar outra empresa para trabalhar.

Funcionário fofoqueiro

Ele até pode ser bom no que faz e nenhum empresário quer perdê-lo por causa de sua competência. É admirado pelos colegas e é sempre o mais popular entre os funcionários do baixo escalão da empresa. Entretanto, ninguém sabe o motivo de tanta admiração e o porquê de ser tão requisitado para as rodinhas na hora do almoço ou lanche.

Faça um teste e descubra por si só o que essa pessoa tem de tão especial. Pergunte a ele se sabe o que aconteceu com outro funcionário dias atrás e que até hoje não teve uma resposta. Ele com certeza irá responder a sua pergunta e ainda dará detalhes impressionantes.

Tudo bem! Se fosse só isso, não teria nenhum problema se não fosse ele o responsável por "espalhar" todos os detalhes com minúcia de um mestre. A história acaba se tornando tão impressionante — mesmo porque aproveita para contar sua versão e aumentar os fatos.

Alguns fofoqueiros já te abordam na entrada da empresa. Às vezes as pessoas estão com alguma pressa para resolver algo importante, mas sempre dão um jeitinho de interromper dizendo que tem uma revelação muito séria para ser feita. Como a curiosidade é grande, a fofoca acaba ganhando mais uma integrante e, provavelmente, outra versão.

O líder detesta esse tipo de coisa e pode sair do sério perante os "fifis" da empresa. Um bom programa de conscientização pode ser interessante nesses casos, onde todos aprendem a importância da comunicação dentro da empresa e como valorizar o tempo de trabalho.

Além disso, avalie se esse funcionário não gasta muito tempo fazendo isso. Pode ser que não queira trabalhar em função da vida dos outros.

Passo 13

Harmonizando os Ambientes

> QUERRA SSO DO GENTILEZA EM 2000 O
> DIABO DO / CAPETA QUE VEM DO CAPITAL
> DOS FILHOS HOMENS PERDE O MANDA
> / TO GENTILEZA VAI ACABAR CONTODAS
> AS GUERRAS DO MUNDO / COM AMORRR
> A NATUREZA QUE E O NOSSO DEUS PAI
> CRIADOR ELE / NÃO VENDE TERRAS NÃO
> COBRA PARA NOS DAR ALIMENTACÃO
> ESTA / LUZ DO MUNDO NOSSA VIDA E DE
> TODOS SERES VIVENTES E DE GRA / CA NÃO
> COBRA NADA CAPETA SATANA PERDESTE
> O MANDATO E / VITORIA DO GENTILEZA
> PARA UM MUNDO FELIS TODOS VÃO SERE
> / NS GENTINS POR JESUS DISSE PROFETA
> GENTILEZA AMORRR PAZ
>
> *José Datrino – "Profeta Gentileza"*

Um dos maiores empenhos das empresas nos dias de hoje é com a preservação e manutenção do meio ambiente. Vemos nitidamente e nos deparamos com projetos fascinantes que vislumbram muito mais que o plantio de uma árvore. A preocupação das corporações com a sustentabilidade ambiental está sendo propagada e se alastrando com muita solidez e dedicação.

Programas de reciclagem de materiais nocivos à natureza como pilhas, baterias, papel, alumínio, lixo etc., são somente uma pequena demonstração de todas as possibilidades de engajamento nessa área. Parabenizo com louvor todas aquelas corporações que realmente estão dispostas a isso, pelo menos isso.

Outro detalhe importante, que não devemos esquecer, é a conscientização direta dos colaboradores quando embuídos nesses projetos. Quando os programas são sugeridos e adotados como institucionais, acabam despertando a consciência dos sujeitos sobre a necessidade da manutenção da vida.

Antigamente escutávamos muito sobre educação ambiental. Participávamos de treinamentos e cursos sobre o tema e tínhamos que multiplicá-lo aos nossos colegas e familiares.

Realmente, tinha um efeito positivo no comportamento diário, desde o simples e correto recolhimento do lixo doméstico, limpeza e higienização das casas e roupas, escovação dos dentes das crianças e economia de energia elétrica. O esclarecimento sobre coisas rotineiras que nem percebíamos acabaram transformando a mentalidade e noção que temos hoje.

O meio ambiente corporativo está diretamente ligado a essa preocupação com o natural e o social também. O convívio entre as pessoas deve estar inserido nesse contexto, onde é indispensável um bom relacionamento baseado na confiança, solidariedade e educação.

O bem-estar pessoal é e deve ser matéria obrigatória em todas as aulas nas empresas.

A PROPAGAÇÃO DA GENTILEZA NOS DIAS DE HOJE DEVERIA SER REQUISITO INDISPENSÁVEL NA GESTÃO DE PESSOAS E EQUIPES.

Sei que não é fácil lidar com seres humanos e sempre estar apto a entendê-los, mas não é impossível. Pode ser pontual essa capacidade, mas deve ser desenvolvida pelos líderes. Aliás, os líderes também devem ser motivados a isso.

Diga sim às boas relações interpessoais, principalmente nos momentos de crise. Pare e reflita sobre seu comportamento e atitudes com os outros. O meio ambiente interno tem que ser saudável e propiciar o surgimento de novas ideias que alavanquem o sucesso pessoal, depois o empresarial. Os colaboradores estão diretamente inseridos nesse contexto, não podemos esquecer que, assim como os líderes, são seres pensantes e com sentimentos. Afinal, todos nós fazemos parte da vida natural e social.

Passo 14

Promovendo a Gentileza

> * GENTILEZA FALA SOBRE O!
> ESPORTE DE DEUS ABENSOADO
> QUE DA VIDA E CONSTROI O NOSSO ES
> PIRITO SÃNTO PARA COM DEUS EO TRA
> BALHO COM SAUDE E ALIMENTAÇÃO QUE
> M NÃO VEIO PARA SERVIR NÃO SERVE PARA
> VIVERRR POR JESSUSS DISSE GENTILEZA
>
> José Datrino – *"Profeta Gentileza"*

Sempre pensamos que estamos prontos para tudo na vida e, principalmente, que sabemos o suficiente para resolvermos nossos problemas. Quem nunca se pegou dando conselhos a algum amigo e se sentiu o mais experiente (como sempre)? Essa ideia é muito natural, pois sempre passamos por atribulações que acabam fazendo com que a gente amadureça e aprenda pelo pior meio, que é o sofrimento.

O importante nisso tudo não é se sentir o maioral e onipotente, é saber aproveitar as mensagens que a vida deixou e (re) aprender com os desafios. Pois é, cada dia que vivemos é como se fosse um grande enigma a ser decifrado. E se pararmos pra pensar, podemos enlouquecer.

Subtrair as tristezas e maximizar os momentos felizes é fundamental para o equilíbrio emocional e a estabilização de nossas almas.

DEVEMOS ENCARAR TODAS AS HORAS COMO DESAFIO À NOSSA INTELIGÊNCIA E COMO TESTE DE SOBREVIVÊNCIA.

Longe do pessimismo, quero enfatizar que nada sabemos até experimentarmos. Temos que vivenciar e provar alegrias, frustrações, vitórias e derrotas. Para muitos que têm esclarecimento e discernimento, perder pode significar uma vitória. Sabe aquela coisa do *downsizing* que aprendemos nos livros e que é bastante atraente? Significa que muitas vezes precisamos perder literalmente para poder recomeçar e fazer uma reavaliação de nosso comportamento e se estamos de acordo com nossos planos e sonhos traçados para o futuro.

Essas considerações são minimalistas e bastante egocêntricas, claro. Consideramo-nos os mais sofridos de todos os mortais e os nossos problemas sempre são os maiores do mundo. Mas, bem lá no fundo, sabemos que isso não é verdade. Pra ser bastante realista e desprovido de pragmatismo, nossa realidade é muito diferente da dos outros.

Um dia, conheci uma pessoa que me relatou seus problemas e fiquei estarrecido. Classificava-me como o mais sofrido dos mortais e, de repente, mudei de opinião e tive que refletir sobre a felicidade. Aliás, refleti sobre a tristeza que eu não sentia. Era feliz e não sabia. Aproveito para retificar: sou e sempre fui feliz. O otimismo é minha segunda pele hoje. Não posso e não sei mais viver sem ele. Acredito fielmente na capacidade de transformarmos nossas vidas e mudarmos o curso do destino, pois só temos dois caminhos a seguir: ou nos entregamos (pode ser um caminho sem volta) ou damos a volta por cima (é muito bom).

Outra coisa que aprendi (e pude comprovar) é que existem pessoas que têm muito mais experiência e sabedoria que a gente pensa. Como as pessoas amadurecem e aprendem com a própria vida! Os problemas dos outros não podem ser vividos e aprendidos por nós e vice-versa, mas como é interessante e mágico internalizar e ouvir conselhos sérios e comprometidos com o bom caminho.

As empresas estão exigindo cada vez mais de seus profissionais colaboradores e a pressão aumenta consideravelmente – sempre. Alcançar os resultados e ultrapassar as metas são quesitos decisivos pela manutenção de uma posição dentro da corporação. Mas isso, até então, não seria motivo para que os seres humanos se distanciassem uns dos outros e rivalizarem como se fossem gladiadores num dia de fúria. A não ser que algo de errado aconteça internamente e promova essa instância de discórdia e desunião.

Na maioria das vezes, os erros não são dos procedimentos ou das normas exigidas pelas empresas. Pelo contrário, muitas delas se preocupam com essas questões e pretendem humanizar o espaço de trabalho e beneficiar suas equipes da melhor maneira possível. O problema vem dos seres humanos que ficam ali oito, dez, doze — ou mais — horas por dia — e não precisam, necessariamente, ocupar cargos de chefia ou liderança. Podem se sentir sobrecarregados e começarem a negligenciar sua postura perante outras pessoas.

A FALTA DE DIÁLOGO (SINCERO) E A AMBIÇÃO FAZEM COM QUE A CONCORRÊNCIA SEJA INJUSTA E ESSA BUSCA (POR NÃO SEI O QUÊ) DESENFREADA POR UM LUGARZINHO AO SOL.

Todos querem chegar lá e não sabem como fazê-lo. Esquecem-se de que competência e dedicação são fundamentais para isso e que, ao invés do estresse, deveriam ter confiança para poder sobreviver nas corporações.

Bons profissionais sabem que o reconhecimento é adquirido com bastante comprometimento, estudo e persistência e, além de tudo, muita ética e dignidade. Esses valores são fundamentais para o crescimento íntegro e verdadeiro dentro e fora do local de trabalho. Os esforçados de verdade não precisam se preocupar. O próprio mercado se encarrega de fazer a seleção e exterminar as ervas daninhas.

Com o tempo, passamos a ver que as pessoas são capazes de qualquer coisa para alcançarem seus objetivos. Fazem e falam o que querem em qualquer momento ou circunstância. Não se preocupam com os colegas e "atacam" a todo instante. Armam ciladas ou motins, além de formarem grupos para "minar" os bons profissionais. As palavras e os discursos têm que ser bem dosados para não causar raiva e incômodo no ambiente de trabalho, pois podem ferir e comprometer o rendimento dos colaboradores — líderes ou liderados.

O jogo nunca estará perdido se tivermos paciência e considerarmos a velocidade absurda que as informações circulam, afinal estamos num mundo globalizado e supostamente civilizado. Todos que são empenhados precisam acompanhar as orientações pontuais e a avalanche de "sugestões" que são impostas.

A boa educação e o caráter deverão ser utilizados como guias para a boa conduta e nortear aqueles que realmente desejam vencer com dignidade e competência. Esse último — o caráter — deve ser acompanhado pelos gestores para que ninguém seja corrompido e integrado ao grupo do contra. As virtudes e qualidades geralmente são deixadas de lado quando algum indivíduo almeja "vencer" algum desafio e não se preocupa com ninguém que esteja à sua frente.

Portanto, defendo o profissional completo, ou seja, aquele que é competente tecnicamente, que é capaz de racionalizar emocionalmente e tem a habilidade de se colocar no lugar do outro.

Acabamos nos tornando imunizados ou anestesiados com as dificuldades e pedras do percurso. Os problemas estão aí e devem ser resolvidos e não dá mesmo para fugir deles.

A mensagem que quero deixar é de otimismo e paz. Pretendo transmitir a segurança interior e a capacidade que cada um de nós tem para mudar as coisas. Podemos e devemos fazer as melhores escolhas e não ter medo de errar. Acertar sempre seria excelente, mas infelizmente só aprendemos quando erramos.

Esta obra foi composta em sistema CTcP
Capa: Supremo 250 g – Miolo: Pólen Soft 80 g
Impressão e acabamento
Gráfica e Editora Santuário